俄罗斯育儿类超级畅销书,风靡十余载,影响数十万个家庭

好妈妈释放孩子的天性

(俄) 吉本雷特(Ю.Б.Гиппенрейтер) 著　容之 译

了解孩子,尊重孩子的个性成长,
最大限度地保护孩子的**创造力**和**想象力**

求真出版社

图书在版编目（CIP）数据

好妈妈，释放孩子的天性／（俄罗斯）吉本雷特 著；容之 译．
—北京：求真出版社，2012.1
ISBN 978-7-80258-135-7

Ⅰ．①好… Ⅱ．①吉…②容… Ⅲ．①家庭教育 Ⅳ．①G78

中国版本图书馆 CIP 数据核字（2011）第 206470 号

Продолжаем общаться с ребенком. Так?
Авторское право © Гиппенрейтер Ю. Б., 2008
本书简体中文版由 Ю. Б. 吉本雷特授予求真出版社独家出版发行。
版权所有，不得翻印。
著作权合同登记号：图字 01-2010-8295 号

好妈妈，释放孩子的天性

著　者：Ю. Б. 吉本雷特
插　图：Е. М. 别洛乌索娃，М. Е. 费多罗夫斯卡娅，В. В. 柳里科，Е. Н. 里曼诺娃
译　者：容之
版权联络：包国红
责任编辑：包国红
出版发行：求真出版社
社　址：北京市西城区太平街甲 6 号
邮政编码：100050
印　刷：北京中印联印务有限公司
经　销：新华书店
开　本：700×1000　1/16
字　数：170 千字
印　张：14.25
版　次：2012 年 1 月第 1 版　2012 年 1 月第 1 次印刷
书　号：ISBN 978-7-80258-135-7/G·13
定　价：28.00 元
编辑热线：(010) 83190265
销售热线：(010) 83190292　83190297　83190289

版权所有　侵权必究　　本书观点不代表本社立场　　印装错误可随时退换

前　言

　　本书讲述的是成人与孩子的相处之道，在一定程度上也是在讲述成人之间的相处之道。它延续和深化了我的上一本书——《不抓狂，育出好孩子》的主题。

　　读者们反馈，《不抓狂，育出好孩子》对他们非常有帮助。很多人跟我谈到，通过学习这本书，他们的生活发生了一些积极的变化。在与许多人会面的时候（其中有父母，也有孩子；有夫妇，也有单身男女；有大学生，也有商人），我们一起讨论了教育问题、交往问题，以及生活中的种种难题，这为本书提供了大量的生活素材。

　　除了这些生活素材，书中还引用了一些杰出的职业心理学家、教育家、哲学家、思想家的观点。还有一部分宝贵的资料选自文学作品、回忆录、传记及自传。因为只有通过真实的故事、亲身的经历和体验才能够深刻理解那些杰出的爱心人士（这些学者和实践者选择了帮助人们教育孩子、完善自我的职业）过去和现在试图传达给我们的东西。因此我努力以"真实的故事"为例来解释每一个"理论"术语；或者相反，引导读者在每一具体的事例中看到普遍的规律，做出有益的结论。

　　现在谈谈本书的内容。在写作过程中，很难遵循严密的线性逻辑。生活是一团麻，几天之内可能有各种完全不同的体验：不快与快乐，和谐与矛盾，游戏与冲突……讲一件事，难免要牵扯到其他。因此只能大致地把内容分为若干部分和章节，其间难免会出现重复以及题目的交叉。

有些主题是贯穿全书的。

首先是**对孩子的认识和理解**。孩子生来都是有天赋的，他强烈地要求成长与进步，他会学习也想学习；他执著顽强，专心致志，对世界充满迷恋；他天真烂漫，充满激情；他在寻求我们的同情，同时又在防范着不理解以及对他的世界的粗暴干涉。作为父母，我们能否成功地完成自己的使命，在很大程度上取决于我们在多大程度上理解和考虑到孩子的天性。本书有几章讲述的就是他们的要求、行为动机以及情绪和感受。

下一个主题是**教育孩子的途径和方法**。很遗憾，在教育方面存在着很多错误的看法，陈旧而根深蒂固的传统。其中包括强迫、严厉的惩罚，"调教"、压制孩子的自由和个性。这一类的做法世代沿用，传给现代的父母，导致很多家庭问题的产生。做父母的经常不知道还有**其他教育孩子的方法**，因为他们自己小时候就是接受这样的家教的。

与上本书一样，我们将解答父母提出的一系列问题：如何教育他？如何让他养成好习惯、守纪律、有条理？如何惩罚？怎么能让他好好学习？……

为了找到答案，必须突破习惯思维的框框。我们的教育字典里不应该只有"学习"、"养成好习惯"、"注意力集中"、"强迫"、"要求"那些词，还应该有"开心"、"游戏玩耍"、"着迷"这些词。

我们将在杰出的学者、教育家和父母的行为中寻找有用的答案。他们的经验胜过千言万语。这些事例贯穿全书,为我们提供启示。毕竟,除了采纳这些行家高手的经验,我们还有什么更好的学习方法呢?

自然,上述教育的主题是与**沟通**的主题交织在一起的。这一主题贯穿始终。在与孩子的关系中,重要的不仅是我们教给他们什么东西,而且还要帮助他们如何渡过生活难关。善于倾听、表达自己、建设性地解决冲突,这些都属于沟通技巧。我的上本书对这些技能进行了基本的描述,本书(特别是第三部分)就这些技能进行了更加深入的探讨,涉及一些重要的细节。

我觉得,虽然本书主要讲的是孩子的教育问题,但"成年人"问题也要纳入其中。原因有二。

首先,有效沟通的基本原理和规则是通用的。它们不仅适用于与孩子之间的关系,也适用于成年人本身。不错,孩子掌握沟通技巧非常之快,通常要快于成人。

其次,成人之间和谐的关系是孩子情绪稳定及其全面发展的必要条件。因此对于父母来说,注意彼此相处及与周围人相处的方式就显得尤为重要。我希望他们可以从书中得到这方面的帮助。

很多读者都知道,仅仅读一本甚至很多本"关于沟通"的书是不够的。要实际运用!如果只是读书,而不尝试**新的方式**——以新的方式应对、回应、表达自己的感受,那就见不到任何成效。

但是请相信,改变习惯完全有可能。不要气馁!起初,新的语气或用词可能显得做作,这种感觉是因为过度紧张造成的。但这种感觉很快就会过去。您会习惯于新的行为方式，使其像旧的行为方式一样成为"本能"。

您把这本书拿在手上，说明您想使自己变得更好。也许您已经在尝试以新的方式与人相处，正确的技巧已经收到了有益的、有时简直是"激动人心"的效果。我想热烈地祝贺您取得的一切成绩，因为这些成绩使您不仅对自己能够有效沟通感到满意，而且对自己的力量充满信心。

但这还不是全部。您不久就会发现**自己内心发生的变化**。很多读者写道，随着他们逐步掌握有效的沟通技巧，他们的自我感觉开始发生变化，变得更平和，更有信心。他们开始更加理解孩子和亲友，不再动不动就发脾气，开始更多地倾听他人的感受，而且这一切都是发自内心的。

所以，外在行为方式的改变会引起**内心的变化**！为掌握技巧所付出的努力得到了百倍的报偿！

我衷心感谢所有为本书的出版做出贡献的人。很多孩子的家长、朋友、同事、相识或不相识的读者通过当面交流或书信向我讲述了自己遇到的问题、烦恼，他们通过对生活的观察、成功的尝试，获得了经验，取得了了不起的成绩。家长的身后是他们的孩子，这些孩子生气勃勃、真诚坦率、天真烂漫、多才多艺，与此同时，他们却又都普遍需要帮助。这样就形成了一个共同的、友善的"场"，一个为孩子与亲人的幸福而紧张工作的无形群体，每个人以独特的贡献丰富着这个场，同时，这个场也给每个人以精神上的支持，包括本书的作者。

我深深地感谢画家叶莲娜·别洛乌索娃和玛丽娜·费奥多罗夫斯卡娅，她们认真地对待作者的每一个要求并将其创造性地体现在她们的插图中。

我尤其要对伊琳娜·乌姆诺娃表示感谢，她热情地接受了审稿和编辑书稿的工作。她以在文学、新闻和心理学方面的高深造诣，帮助我发现并尽量纠正了全书在结构以及某些章节叙述方面的不足。

我还要特别感谢我的丈夫阿列克塞·尼古拉耶维奇·卢达科夫，他是我始终如一的倾听者和交流对象，对过去和现在困扰我的问题，他都会随时作出解答。他以数学家的独特视角对本书的写作提供了重要的帮助和评鉴。当然，不足之处都是我的问题。

Ю. Б. 吉本雷特教授

2008 年 1 月

孩子是我们身边一个鲜活的奇迹。我们在尽力保护他，帮助他成长。"如何进行沟通、教育、训导、责罚、纠正？"为了对这些问题做出正确的回答，我们需要了解这个"奇迹"的天性和特点。

目 录

前 言 / 1

第一部分　孩子在成长 / 1

第一章　了解孩子的天性 / 3
　　追求自由 / 3
　　全神贯注 / 5
　　坚持不懈 / 7
　　特别敏感 / 8

第二章　天才的普遍特征 / 11
　　着迷 / 11
　　富有使命感 / 14
　　喜欢凝神静想 / 15
　　内心感受不愿与人分享 / 17
　　百折不挠 / 19
　　坚持自己的道路 / 22

第三章　更多、更好地理解孩子 / 25
　　要求与动机 / 25
　　动机与情感 / 28
　　强烈吸引和强烈反感 / 29
　　保持孩子的兴趣 / 31

不要限制孩子对独立的需求 / 32

过度关心，危害无穷 / 35

早知如此，何必当初 / 36

帕格尼尼之谜 / 38

除了强制，还有别的方法 / 40

第四章 成功的教育经验 / 43

蒙台梭利：不要压制生命自身的发展！ / 43

尼尔：站在孩子一边 / 46

兹翁金：问题比答案更重要 / 55

费曼的父亲：关注孩子的内心活动 / 61

母亲身上的人性光辉 / 63

家庭氛围对孩子的潜移默化 / 65

良师把学生引向科学 / 67

成功秘笈 / 69

第二部分 和孩子一起生活的点点滴滴 / 75

第一章 尽早养成好习惯 / 77

如何养成好习惯 / 77

尽早开始 / 79

营造环境和培养生活习惯 / 81

帮助孩子管理自己 / 83

利用"外部手段" / 87

不要害怕"生活的教训" / 89

第二章 惩罚孩子的原因和方法 / 91

两种截然不同的立场 / 91

惩罚是为了培养孩子的自觉性 / 93

动手前克制一下自己的情绪 / 96

几种有效的惩罚方法　/ 97

基本原则　/ 104

第三章　家长不要总是一本正经　/ 106

寓教于"乐"　/ 106

欲擒故纵　/ 111

培养幽默感　/ 113

与孩子一起想象　/ 116

亲自给孩子讲故事　/ 122

一起做游戏和脑力训练　/ 128

抽出时间陪伴孩子　/ 133

第三部分　和孩子沟通　/ 137

第一章　积极倾听　/ 139

好的开始是成功的一半　/ 140

如果不管用，怎么办　/ 148

理解孩子的处境　/ 151

第二章　复杂的感情世界　/ 160

坚持用"第一人称表述"　/ 160

切勿滥用"第一人称表述"　/ 164

正面感受可用多种方法表达　/ 167

倾听自己，说出自己的感受　/ 170

第三章　如何解决冲突　/ 176

有两个困难要克服　/ 176

家长因何任孩子摆布　/ 178

孩子因何与家长对着干　/ 184

相互理解，灵活处理　/ 187

适当对孩子做出让步　/ 192

第四章　亡羊补牢，永远都不晚　/197
　　　　　教育过失越早弥补越好　/197
　　　　　父母也可以改变自己　/201
　　　　　孩子也在监督父母的行为　/206
代后记　/213

第一部分

孩子在成长

第一章
了解孩子的天性

孩子和所有生物一样，天生具有积极主动性。新生儿会把头转向发出声音的地方，两个月大的婴儿会寻找弯腰看他的人，捕捉微笑，发出咿咿呀呀的声音作为回应。在一岁之前，他要学会看、辨认人和物体，拿玩具，坐，爬，站，走，然后学说话，提问题……还要学会很多很多东西。有人专门教他这些吗？

没有。**孩子是依靠自发的积极主动性学会这些异常复杂的东西的。**

追求自由

生活告诉我们，当孩子自由玩耍或做事的时候，他总是精神饱满，积极向上，富有进取心。反之，如果强制他，他就会变得兴致索然，有时会表现出执拗和攻击性。心理学家通过观察这些现象得出结论：**追求自由和自主，是人最基本的需求之一。**

孩子很早就表现出这一特点。在儿童的语言中，对自由和自主的追求表达为："我自己。""我能！"在这种情绪中他会积极地寻找并找到他在当时最需要的东西——他的发展和自学过程中所需要的东西。

> 当孩子为他凭本能选择的东西而努力并获得成功的时候,他会兴致盎然,引以为傲。但还不止于此:他会产生对自己能力的信心以及继续尝试和冒险的愿望。

我举一个很小、但很典型的例子。这是一位母亲讲的。

当时我儿子3岁。冬天。我和他在院子里玩。我们那儿有个斜坡,旁边是行人走的台阶。坡挺高的,台阶也相当长。几个孩子上几级台阶,然后从坡上滑下来。我儿子和他们年龄相仿。过了一会儿,他说想上得高一点。我控制住自己没有表示反对,结果他成功地滑下来几次。这样一来他勇气大增,爬得更高了。最后,他努力克服着恐惧心理(我看得出来),爬到了最高的台阶!我非常担心,但竭力克制自己,不

去阻止他滑下来。回到家,儿子刚进门就兴高采烈地嚷道:

"爸爸,我能!"

"你能什么?"他父亲问。

"什么都能!"儿子骄傲地回答。

可以肯定地说,从这件事中,孩子在面对风险独立做决断以及战胜自己的恐惧心理等方面获得了宝贵经验。不能否认,"什么都能"这个结论非常可贵。

我们应当指出,孩子得到这个"礼物"要感谢他的妈妈,因为她表现出了勇气——特殊的勇气:**允许孩子冒险**。

全神贯注

有一次,一位老教授走到婴儿床前,他十个月大的孙子扶着栏杆站在小床上。教授对客人说:"看看他的目光多么专注:他将来一定很有才能!"

全神贯注是每一个孩子都具有的天赋。我们做感兴趣的事情时,都会"埋头忘我",特别投入,对此我们成年人都深有体会。比如,别人跟我们讲话我们充耳不闻,或因为沉浸在一本有趣的书中而坐过站。显然,这时我们的脑子正在紧张地工作。

> 心理学家证明了这样一个事实:越小的孩子越经常处于全神贯注的状态。

其中自有"逻辑":对于小孩子来说,整个世界是全新的、未知而有趣的。他面对的新鲜事物,其数量比日后成人所了解和掌握的东西要多得多。用列夫·托尔斯泰的话来说,成人一辈子只能走几里路,而孩子在5岁前则走过了广阔的宇宙!

有一个关于丹麦著名物理学家、诺贝尔物理学奖得主尼尔斯·玻尔童年的故事。

据说,有一次玻尔和他的兄弟与母亲坐火车旅行。当他们到站下车的时候,同包厢的乘客说:"可怜的母亲!她有一个孩子很正常,另一个是傻子!"他说的傻子就是尼尔斯,根据是在旅途中,尼尔斯大部分时间都目光呆滞,嘴巴半张,对周围发生的事麻木不仁。这位乘客不知道,孩子是处于专注思考状态。当时的玻尔已经具有全神贯注的能力,这无疑是杰出天才的表现。

老师们也难免会经常犯同样的错误,特别是在低年级,他们往往会用粗鲁的方式打断"耽于幻想"的孩子:"米沙,你又发呆了!"而米沙这时可能正听到或看到什么,他所感受的东西远比类似"写日期要上面空两行左面空一格"的指令要丰富得多。

孩子的这种状态要悉心呵护!

第一章 了解孩子的天性

坚持不懈

所有孩子都具有的另一个天赋是百折不挠。孩子总会坚持练习他们试图掌握的一切。他们执著地学习新的动作，错了再重新尝试，十次、二十次地重复同一件事，直到学会为止。

下面是一个一周岁孩子的母亲所讲的例子，类似的例子有许多。

我坐在沙发上，儿子扶着椅子站在离我几米远的地方。他刚学走路，已经可以扶着墙走了，但一松手就会失去平衡摔倒。他显然想到我身边来，我也用温柔的声音召唤他。看得出，他肯定是想走到我身边来！他放开椅子走了几步，走到软和的地方，扑通一声摔倒了。他手脚并用地爬行起来……**但不是向我这里，而是回头向椅子爬去！**他在椅子旁站起来，又试着朝我这边走。他又摔倒了，然后又爬回去。他重复了很多次！最后，他终于摇摇晃晃地走到了我的身边。他高兴极了，显然在享受胜利的喜悦，而我不仅和他一起高兴，而且感到骄傲。您知道吗，我感到他是个英雄！

这位妈妈的做法是对的。的确，这件事证明，孩子不仅在学习走路，而且显示了他的坚强意志和百折不挠的精神，因为他选择了困难的方式，而不是简单、习惯的方式。

而所有的孩子都是这样走过来的！

特别敏感

著名科学家、动物行为学家奥斯卡·海因洛特常说，动物和人一样，只是更易于激动。同样的话也完全适用于孩子。

孩子和我们一样，只是更易于激动，并且，还要加上一点，更加敏感。 他们的记忆会把一些旁人以为无关紧要的事"铭记"在心，终生不忘。有时候这会导致他们日后下意识地做出重要决定。

奥地利的心理学家阿尔弗雷德·阿德勒就童年记忆对成年生活的影响做了很多研究，这里只举他讲的一件事，这是一位妇女所讲的故事梗概。

我3岁时，父亲给我们买了两匹小马，他用缰绳把它们牵回家来。我姐姐比我大3岁，她领到自己的礼物以后就兴高采烈地牵着她的小马在街上走。我的马急着跟上前面那匹马，走得太快，我跟不上，结果摔了个嘴啃泥。看看，本来兴致勃勃满怀期待的事情，到头来却让我丢尽了脸！……尽管我后来比姐姐骑马骑得好，但这丝毫不能驱散我心中的那种失望。

第一章 了解孩子的天性

阿德勒指出,这件事不仅被小女孩铭刻在心,而且让她得出一个重要的结论并决定了她的生活观:"如果我不小心,我的姐姐就会战胜我,而我则总是会失败,总会摔得嘴啃泥。只有一个办法能保证我的安全——那就是当第一名。"

在一些自传体回忆录中我们经常可以看到类似的例子,**孩子得出的结论往往会情绪化**。下面就是一个例子。

玛丽娜·茨维塔耶娃①6岁的时候,看了歌剧《叶甫盖尼·奥涅金》中奥涅金与达吉亚娜在花园相会的一幕。茨维塔耶娃这样描述自己的感觉及其影响:

一张长椅。长椅上坐着达吉亚娜。奥涅金来了,但没有坐下,而她站了起来。两个人都站着。只有他在说话,一直在说,说了很长时间,而她一句话都没说。于是我懂了……这就是爱情:一张长椅,长椅上坐着她,然后他来了,一直说个不停,而她沉默不语。

---
① 1892年~1941年,俄罗斯著名诗人、小说家、剧作家。——编者注

……我看到的第一幕爱情场景并不浪漫：他不爱她（这一点我明白），因为他没有坐下；她爱他，因为她站起来了……

……我平生第一次看到这幕爱情场景决定了我以后的爱情观，我的每段感情都注定是不幸的，不是单相思，就是修不成正果。

……我之所以到现在总是主动写信表达爱情，先伸出手——而且伸出双手，不管人们拿什么眼光看我——都是因为在童年，书中的达吉亚娜曾经当着我的面，就着烛光，蓬松的辫子垂在胸前，给奥涅金写信表达爱情。

……这是关于勇气、自尊、忠诚、命运、孤独的一课。

——

每个孩子身上都具有优秀素质——积极向上，追求独立，百折不挠，灵活敏感，情感丰富。如果这些品质得到很好的呵护，不仅会使他的才能、性格得到发展，有时还会决定他的命运。

现在我们仔细看看，这是如何发生的。

第二章
天才的普遍特征

着迷

在一些特殊的童年记忆中,可以感受到一种特别的激动与兴奋。孩子在其中发现了某种对自己特别重要、某种非常"自我"的东西。

孩子的着迷状态非常奇妙,而我们又经常注意不到,现在就让我们来试着仔细观察一下。

我举一个例子,选自奥地利动物学家、鸟类学家、动物心理学家康拉德·劳伦兹的回忆录。

夏末大概是阿尔卑斯山北部谷地一年中最好的时候,每到这个季节,我经常会体验到一种感受,虽然70年过去了,但那种感受仍旧记忆犹新。那时候我还没有上学,甚至还不识字。我们在黄昏的多瑙河河湾的草场散步,我不顾妈妈和雅德维嘉姨妈的阻止,跑到她们前面,站在差不多紧靠着河边的灌木丛中。这时,一阵奇怪、清亮的声音从我头上传来。我看到高高的天空上有一群大雁,正向河面飞下来。人的激情是从很小的时候就有的,而且会保持终生。直到今天,我依然能够体验到那时的感受。我不知道这群大雁要飞向哪里，但我想和它们一起飞。一种渴望流浪的浪漫情怀涌遍我的全身，它使我呼吸急促，心潮起伏。于是我心中第一次——我可以肯定——产生了不可遏制的，创造性地表达自我的愿望。

这就是我童年的浪漫激情。每当大雁在我头上高高地飞过的时候，这种激情就会被唤醒。当它们像在魔法故事中一样应招而至，童年的梦想就会再度变得清晰。

劳伦兹用自己的一生去实现这个**童年的理想**。他没有跟大雁分手，长大后他驯养大雁，研究它们的行为。劳伦兹在工作中取得了一系列杰出成就,并因此在 70 岁的时候获得了诺贝尔奖。

查理·卓别林 5 岁的时候,生活中也有过类似的"决定命运"的体验。

卓别林的母亲是一位舞台剧演员,演出的时候经常带着儿子在身边。有一次她突然失音,观众喝起了倒彩,她只好退到幕后。她和剧团经理之间发生了口角,因为经理担心会因此蒙受损失。但经理马上想出了一个补救的办法——让小卓别林上台救场,因为以前他看到过这个孩子模仿母亲在舞台上又唱又跳。经理对观众交待了几句就走开了,把卓别林一个人留在了灯火通明的舞台。他先唱了一首歌,然后又唱了一首。观众开始向他扔来硬币表示赞赏。孩子受到鼓舞,继续唱歌,即兴表演。音乐会顺利进行,而且效果越来越好。卓别林的演艺生涯从此拉开了序幕!

一次印象深刻的偶然事件,可以让一个孩子瞬间就像"被闪电击中"一样发现自己的天赋,确定自己的人生目标。

但并不是每个人都能在一瞬间确定自己的未来发展目标。相反，可能要反反复复经过很多看似无关紧要的"机缘巧合"。我们已经说过，孩子的注意力具有这样的特点：全神贯注于新鲜事物，且"沉浸"其中并在心中打下烙印。

日后，在确认人生目标、感受它对于一个人的重要意义时，这个烙印就会显露出来。

富有使命感

"这就是我的追求！"不管这种感觉是如何产生的，是由于一次特别鲜明的印象还是童年无数次惊喜的累积，它最主要的特点是——或早或晚（经常很早！）**会产生对自己未来使命的认知**。

我们还是以查理·卓别林为例。他家里很穷，孩子很早就要挣钱糊口。

"我卖过报纸，糊过玩具，在印刷厂、吹制玻璃的作坊、医生的接诊室做过事，"卓别林在回忆录中写道，"但不管我做什么，我从没有忘记，这一切都是暂时的，最终我会做一名演员。"

著名画家马克·夏加尔①的父母想让儿子成为一名会计或店员。"'画家'是个古怪的词儿……在我们的小城里从来没人用过。"夏加尔写道。可是有一天小马克对母亲说：

---

① 1887年~1985年，白俄罗斯裔法国画家、版画家和设计师。——编者注

——我想当画家。求求您,好妈妈。你跟我一块儿进城去吧!城里有那样的学校,要是我进了那种学校,学了那些课程,就可以成为一个真正的画家。那样我会感到很幸福!

——什么?画家?你疯了。躲开,我要烤面包了,别碍事。

——好妈妈,我再也受不了了。我们走吧!

——你让我安静会儿……

("反正我要成为一个画家,"我心里想,"但要自学。")

上述几个有天分的孩子很早就确定了自己的人生目标。他们的幼年生活有一些共同点。让我们看一看这些特点是什么。

喜欢凝神静想

首先,通常都是在孩子独处的时候,周围很安静,他的注意力很集中,可以称之为凝神静想时刻。这种情况可能是孩子躺在床上、还没有入睡或尚未完全清醒的时刻,他静静地躺着,同时却心有所想!

> 一位心理学家很早以前就写道，如果您向婴儿的摇篮俯下身去，您会发现他正在寻找什么。他在找什么呢？他在寻找世界！

而稍大一点的幼儿对世界的探寻尽管相对平静，但内容却异常丰富，这可能正是得益于这种相对平静的状态。

下面是几个例子。

据说，在意大利歌剧作曲家罗西尼两岁多一点时，有一天他躺在自己的小床上对母亲说："妈妈，你听，外面卖牛奶的女人唱的调调是降C！"——这是他第一次表现出他超人的音乐听觉能力（罗西尼的母亲是一位钢琴家，所以孩子已经知道音符的名称）。

据说著名数学家高斯很小的时候，经常躺在床上听做会计的父亲计算账目并给他纠正错误。

大家都知道索菲亚·科瓦列夫斯卡娅[①]生平中的一件事：她生病的时候看到墙上有一个方程式，因为在房屋修缮之前这面墙是用旧的数学运算草稿裱糊的，她想解开这个方程式，于是对数学产生了兴趣。

> 当孩子尝到安静独处所带来的甜头，体验到它的"魔力"后，就会积极寻找这种独处的机会。

从前面劳伦兹的回忆中可以发现，他不顾母亲和姨妈的阻

[①] 1850年~1891年，俄罗斯女数学家、文学家、社会活动家。——编者注

第二章 天才的普遍特征

止,执意跑到前面去,结果他听到了使他心动的雁鸣。5岁的玛丽娜·茨维塔耶娃经常爬到她的密室——书柜,去读她喜爱的普希金的作品。

不许我碰的书柜里有一个"禁果",那是一本很大的书,藏蓝色的封皮上用金字斜斜地题写着书名,是《普希金文集》。我在书柜里读托尔斯泰,读普希金,我差不多是在黑暗中阅读,鼻子都贴到书上和书架上了……普希金的作品深深地印在了我的脑子里。

内心感受不愿与人分享

孩子越是看重他所迷恋的东西,就越会把这个东西珍藏起来,不让旁人发现。还是以茨维塔耶娃为例:

我爱上了——《茨冈》……还有讲述这一切时所用的精妙的词藻。但我对此却一个字也不能说:不能对大人说,因为他们不许我读这本书;不能对孩子们说,因为我看不起他们。而最主要的原因则是我的秘密——红色的房间,蓝色的书……

著名心理学家卡尔·罗杰斯讲述了他是如何掩藏自己童年醉心的东西的。少年时代的他对一种夜间活动的蝴蝶表现出浓厚的兴趣。而这种兴趣的起始也与上面讲的几个例子一样——都是受第一印象的强烈影响。

一种非常美丽的蝴蝶引起了我的注意,它长着很不一般的镶着红边的绿翅膀。直到现在我还以当时那种孩子的眼光看待这种蝴蝶:绿中带金、带有薰衣草色华丽斑点的美丽翅膀,那么神奇。我陶醉了……

一连几年,孩子一直在家里乐此不疲地饲养这种蝴蝶,研究它们的生活习性,观察它们如何进食,它们在何种植物上栖息,从蛹化蝶的过程等等。他成了这方面的专家。

罗杰斯说:"但最主要的是,我从来没有把我的爱好告诉任何一个老师。这个使我完全沉浸其中的科目并不在我所接受的正规教育之列……我所感兴趣的事物带有某种个人爱好的性质,与老师无关,也不应该让老师介入。"

我们想一想，为什么这个"个人爱好"不应该让老师，有时包括家长"介入"呢？

因为孩子想保护这个爱好。

> 他想确保自己的内心世界免受粗鲁的干预和侵犯，保全他心中的那种充满惊奇、魅惑，令他心醉神迷的感觉。

他与这种神奇的感觉休戚相关，把它看做自己内心的一个重要组成部分。因此，保守秘密就变成了一种保护自我、保护个性的斗争！

百折不挠

孩子很小就显露天分的明显特征之一是他持续地、几乎偏执地迷恋于心爱的事情。我们举一个中世纪的例子。在乔尔乔·瓦萨利写的传记中我们读到乔托①的故事：

他的父亲是个普通的农夫，父亲把几只绵羊交给他照管。当他在庄园里四处放羊的时候，与生俱来的对绘画艺术的喜爱驱使他经常在山岩上、土地上或沙滩上作画，或是写生，或是画他想到的东西……（他）没有跟任何人学过绘画，完全是以大自然为师……

---

① 1266年~1336年，意大利文艺复兴时期杰出的雕刻家、画家和建筑师，被誉为"欧洲绘画之父"。——编者注

生活年代相隔7个世纪的夏加尔和乔托都在童年表现出对绘画艺术的爱好,他们都没有接受过任何专业训练。而这是天才身上很常见的现象,无论他属于哪个领域。至于学习训练会对他们产生怎样的影响,另当别论。

> 孩子一旦找到自我,不仅会愿意一天24小时不知疲倦地做喜欢的事情,而且有时会不顾环境的限制或父母的意愿想方设法去做。

苏联杰出的物理学家列夫·兰道还在上学之前就非常迷恋数学,但他的父亲对此坚决反对。父亲强迫孩子学习音乐,为此甚至采取体罚手段。父子矛盾越来越激化,以至于兰道13岁的时候曾打算自杀,多亏母亲站在儿子一边,才使悲剧得以避免。

玛丽娜·茨维塔耶娃的情况正好相反,阻挠主要来自母亲。玛丽娜的母亲是一位出色的钢琴家,但事业发展并不顺利,于是她想在女儿身上实现自己的梦想。母亲要求 5 岁的玛丽娜每天练琴好几个小时,但是玛丽娜只是机械地"敷衍"音乐课,她真正热爱的是书籍、诗歌、阅读——全都是与文字有关的。她 4 岁时就会读书了,但是家里对孩子读书的限制

很多。不过钢琴旁的乐谱架上有姐姐列拉的乐谱——那是有歌词的抒情歌曲!而歌词当然也在"被禁"之列。

我整天反复背诵列拉乐谱架上的所有歌词,有时甚至当着母亲的面陶醉其中,忘乎所以。

"你又叨咕些什么?再说一遍,再说一遍!"

"满怀欢乐和梦想。"

"这是什么意思?"

我已经是小声地回答:"就是心里有欢乐和梦想。"

"什么,什么?"妈妈开始发作……

"我跟你说过多少次,不许读列拉的乐谱。我没法把乐谱架也锁起来呀!"妈妈冲着闻声急忙赶来的父亲说。

坚持自己的道路

> 孩子越是自信,他就会越清晰地意识到并坚持自己的道路。

美国著名舞蹈家、现代舞的创始人伊莎多拉·邓肯早在童年时期就意识到自己喜欢特殊的舞蹈风格。

她写道:"我向往另一种舞蹈,我也不清楚具体是什么舞,但我向往那个未知的世界,预感自己会进入那个世界……在我还是个小女孩时,艺术冲动已经在我身上澎湃……"

伊莎多拉的母亲看到孩子迷恋跳舞,就送她去跟一个著名的芭蕾舞老师学习。

第二章 天才的普遍特征

"但我不喜欢芭蕾课。当老师让我用脚尖站立的时候,我问他为什么要这样。他说:'这很美。'我说,这不好看,不自然。上了三次课以后我就不去了,以后再没去过。他所谓的舞蹈是古板俗气的体操,只能束缚我的梦想……"

马克·夏加尔也写到过类似的感受。他第一次和母亲一起进入美术学校的感受是这样的:

画室里从上到下挂满了画儿,堆满了石膏手臂、腿、希腊头像……我从心底里感到,这个画家所走的道路不是我要走的。至于要走什么样的路——我还不清楚。

好妈妈，释放孩子的天性

妈妈环顾四周，怯生生地打量着那些画儿。突然，她猛地向我转过身，用几乎祈求的，但坚定的语气对我说：

"我说，儿子，你自己看到了，你永远做不到他们这样。我们回家吧。"

"我们走着瞧，妈妈！"

我当下心里就认定，我本来就不想这样。为什么？这不是我想要的。

宁神静想、保持内心世界的完整、对程式化教育的排斥，这些只是孩子天分和才能发展的部分必要条件。

尽管孩子会捍卫自己宝贵的自由时光，但他也同样渴望与成人分享自己的喜好。不过这有一个必要的前提条件：大人（家长，老师）真正理解他。

由此可见，成年人肩上的担子有多重！

在这方面我们可以求助于一些心理学知识。

第三章
更多、更好地理解孩子

要求与动机

任何一个人，包括孩子，有了**需求**，就会表现出积极性。每种生物都会积极寻找并通常可以找到它需要的东西。

那么孩子需要什么呢？

心理学家发现并这样描写孩子与生俱来的**基本需求**。

> 孩子与生俱来的需求包括求知欲、自我保护欲、对交流的渴望、对成长与发展的渴求，希望得到正面的自我评价，追求自由和独立。

孩子在成长过程中迟早会"遇到"可以满足这些需求的东西，于是这些需求就会具体化，具象化为某个"客体"（可能是某种活动、某些人或其他东西），这种被具象化了的需求叫做**动机**。

> Box – 1
>
> ### 电视——奶嘴儿
>
> 一项针对两个月大的婴儿所做的实验令人印象深刻，实验结果显示，求知欲是与生俱来的。
>
> 实验者给婴儿一个橡胶奶嘴，用一根橡皮管将其与电视机连接在一起。奶嘴在此充当压缩空气的传感器，如果婴儿吸吮奶嘴，电视屏幕就会亮起来，并出现一个正在说话的女人的面孔。如果婴儿停止吸吮，屏幕就会变黑。
>
> 婴儿已经吃饱（这是实验的必备条件），但是，我们知道，他在吃饱的情况下偶尔也会吸一下奶嘴。渐渐地，婴儿"发现了"橡胶奶嘴和电视图像之间的关系，于是就发生了这样的情况：他开始起劲地吸奶嘴，一秒钟都不停！
>
> 这一结果令人不可思议：婴儿在两个月大的时候就已经在**寻找并积极地从外部世界获取**信息。这种积极性就是求知欲的表现。
>
> 求知欲或好奇心会随着孩子的发育而增长。很快，除了借助感觉器官和实际操作（孩子也可以借助它们来认识客体的特征）探索世界以外，又出现了理性认知方式。这表现在学龄前儿童那些不厌其烦的经典问题中："这是什么？""为什么？""干吗？"……接下来（在适宜的条件下），孩子会出现对于阅读、学习、研究自然、研究人的兴趣。

动机**督促**我们采取行动，同时**指引**行动的方向，并赋予行动一定的**意义**。理解动机就是解释一个人因为什么或为了什么而采取某种行动。而动机可能不止一个。

例如，孩子非要找妈妈——不难理解，这背后是他对于爱与交流的需求。他对颜色鲜艳的玩具感兴趣，因为它可以"满足"他对于新鲜感、对于认知的需求。他学习爬行、走路、说话，因为这些活动可以满足他对成长、发展和自我肯定的需求。孩子越大，与他需求相关的物、人、事及事件就越多，动机的范围也随之越来越大，越来越复杂。

安东·契诃夫①是一位细心的观察家，他在一篇小说中描写了几个玩罗托游戏②的孩子的不同动机。

大人不在家，五个十来岁或更小一点的孩子围坐在大桌子旁玩罗托游戏赌钱，赌注是一个戈比，他们兴高采烈地玩着！

最兴奋的莫过于9岁的格里沙。他玩游戏完全是为了钱。如果不是盘子里那些戈比，他早就去睡觉了。对可能会失手的恐惧、嫉妒以及对于钱财的算计塞满了他那留着短发的脑袋瓜，使他坐立不安，心神不宁。

他的妹妹，8岁的安妮亚也很担心别人会赢。她的脸上红一阵，白一阵，目光机警地盯着对手们。她对钱不感兴趣，游戏给她带来的最大快感是满足她的虚荣心。

---

① 1860年~1904年，俄国小说家、戏剧家。——编者注
② 又称盖牌游戏，参加游戏者用与主持人喊叫的号码相同的数字盖在自己的牌上，以先盖完一列数字者为先。——译者注

另一个妹妹索尼娅6岁了,她玩罗托是为了享受游戏的过程。她满脸陶醉,不管谁赢了,她都一样大笑,拍手。

阿辽沙是个圆乎乎的小胖子,他既不爱钱,也不争面子。只要不把他从桌旁赶走,让他去睡觉,他就心满意足了。他表面上不动声色,其实是个坏小子。他坐在桌旁与其是为了玩罗托,不如说是为了看热闹,因为玩这种游戏的时候打架是免不了的。每当谁打了谁或骂了谁,他就高兴得不得了。

第五个玩伴是厨娘的儿子安德烈。他对于赢钱或别人的成功无动于衷,因为他沉浸在游戏的数字计算以及与之相关的并不高深的哲理之中:这个世界上有多少个数字啊!而它们相互之间竟然不会搞混!

在这一段中,我们看到了促使孩子们玩罗托游戏的动机是那么的截然不同,我现在一一列举出来:"对金钱的算计",虚荣心,游戏的过程本身,想看打架,对"游戏的数字计算"感兴趣。

生活中总是这样:人们做的可能是同一件事,但动机却不同,而动机是很个性化的,完全取决于人的年龄、教养及个人发展水平。

但与动机相关的还不止这些。

动机与情感

动机是在情感中展现的。由于动机及其结果不同,人们对于同一事件的感受也可能截然不同。

如果再回到契诃夫的小说中,我们便会发现这种关联。

比如安妮亚,用作者的话说,对于她来说"盘子里放的不是钱,而是她的虚荣心",所以她的脸才会随着对手的输赢而"红一阵，白一阵"。

而小姑娘索尼娅正好相反，是"为了游戏的过程"而玩儿，所以不管谁赢，她都会"一样大笑和拍手"。

而小胖子阿辽沙"每当谁打了谁或骂了谁，他就高兴得不得了"，因为这可以满足他看打架的强烈愿望。

我们来看一看后来的发展情况：

"赢了！我赢了！"索尼娅妩媚地转着眼珠，大笑着说。玩伴们的脸沉下来了。"检查！"格里沙愤愤地瞪着索尼娅说。

为什么格里沙会愤怒？因为他是为了赢钱而玩，可是赢钱的不是他，而是索尼娅。就是这么回事。

如果动机能够实现，便会产生满足感和快乐感；如果动机不能实现，就会产生不满、绝望甚至愤怒的情绪。

现在来看看，在我们教育孩子的时候，这些心理学知识可以提供哪些帮助。

强烈吸引和强烈反感

一般来说，一个人做任何一件事都会同时"启动"几个动机。来看看一个少年生活中的具体例子。

例如，一个少年踢足球，这会给他带来什么呢？我们来看一看，在这项活动中他的哪些需求可以得到满足。第一，他的体能得到了释放，满足了身体训练的需要。第二，他会尝试掌握技术技巧，实现不断完善的基本需要。第三，他在与同龄人交往——他与同龄人交流的要求十分强烈。第四，当他射门或做精彩的传球时，他觉得自己很棒，他的自我评价会提高。第五，坐在看台上的某个观众（有可能是女性）使他备感兴奋。

除此以外还可以加上一条——他可以表现自己的主动性：约定集合的时间和地点，可能还有"球队"的组成，这就涉及最普遍、最基本的需求——自己做主。这一切加在一起使他对足球运动充满了强烈的积极感受，结果踢足球就成了他的**自发动机**。他会把很多的时间和精力花在这件事上。

现在我们来看一看做功课的情况。做功课本身不是很有趣。功课是老师留的，也就是无法选择学什么和怎么学。什么时候学也是父母定的，他们说："你没写完作业就不能去踢你的足球。"这样一来，不仅没有自主，反而只有指令和强迫。还有，功课有点糟，因为是在受到外部压力和缺少兴趣的情况下草草完成的。这会导致成绩欠佳。不仅如此，因为以前功课没有学好，数学和语文课的新内容也就很难理解。由于一连串的失利，继续努力和克服学习上的困难的愿望便熄灭了。**失利带来的感受会伤及自我评价**。再加上老师当着全班批评他，给他难堪，使得他（在这方面）在同伴中的威望受到影响。因为得了两分和三分，他在家里会受到申斥和惩罚，与父母沟通的需求逐渐归零甚至变成"负数"，结果在学习方面出现了大问题。这样一来，孩子对学习没有一点儿自发的动机，相反，学习成了他强烈反感的东西，他避之不及。

通过这两个例子我们可以了解动机产生或相反——消失的**机制**。打个比方，我们的情绪好像晶体一样，会"沉淀"和积蓄在我们所接触的人、物、事中。如果"晶体"是正面的、快乐的、光明的，那么附着对象就会自动地"发光"，成为自发动机；如果晶体是负面的，那么当它们附着在对象上的时候，就会毒化它。这件事就会让人反感，哪怕以前有点儿招人喜欢。这就是人们常说的"破坏了兴致"。

可见，**在教育孩子的过程中，情绪可以充当路标**，提醒我们，对于他的需求是否给予了足够的重视。综上所述，可以总结出两条切实可行的原则：

> ✓ 教育孩子的时候一定要注意切实满足他们的需求。
> ✓ 想让孩子做某事，就不要让他蓄积对这件事的负面情绪。

保持孩子的兴趣

我们用这两条规则来分析一下日常生活中应该做的事情，比如说，洗餐具。家长常因为这件事对孩子不满意，跟孩子发生冲突。如何避免呢？

我们知道，3~4岁的小孩子很喜欢洗杯子，洗抹布，总之，想做妈妈做的事情。促使他这样做的动机是学习新东西、完善技能的愿望，还有和妈妈在一起的快乐。等他们长大一些，到8~10岁的时候，成长和发展的需求从家务转到了更复杂的东西上面，例如电脑、阅读、竞赛，而交往的需求也主要转向同龄人。

已经上学的孩子为什么还会（心甘情愿地）洗餐具呢？我想，这是因为他依然有和妈妈交流的动机——愿意帮助她，和她保持良好的关系。此外再加上正面自我评价的动机（感到自己是一个助手）。

为何存在这样的动机？很可能是因为母亲注意**用正面的语气进行交流**。她没有用类似"你为什么又……?!""什么时候都求不动你……""要跟你说多少遍?!"……的批评口吻来破坏做家务的气氛，而是温和地提醒，有时是请求孩子帮助，有时是充满感激地提到孩子所伸出的援手。也就是说，让生活琐事不失去正面的感情色彩，这样就不会失去做这件事的兴趣。看看一个19岁的女孩子如何看待类似的情况：

我父亲是一位军官，总是要求规规矩矩，井井有条。我跟他的关系总体来说不错。不过我不大喜欢收拾房间和洗餐具。有一次——当时我13岁——他对我说："莲娜，你对我好不好？"我回答说"好"，他接着说："……你愿意让我在家里感觉舒适吗？""当然，爸爸。""那么我想告诉你，如果家里整齐干净，特别是餐具都洗得明晰照人，我就会觉得非常舒适。"从那时起直到现在我一直都认认真真地洗餐具。

但是应当承认，生活并不总是如此简单。

不要限制孩子对独立的需求

在父母和老师教育孩子的努力中，最大的"障碍"大概就是**"无视"，甚至限制孩子的基本要求——对自由与自主的需求。**

正是孩子独立的行为帮助他独立地成长与发展。如果我们不妨碍，孩子自己可以做很多事。

第三章 更多、更好地理解孩子

一百多年前，杰出的教育家和心理学家玛丽亚·蒙台梭利就提出这样的观点：

> 孩子天生就有自我发展的需求，这是他真正的内在需要。对这种需求应该充分爱护和尊重！

我讲一讲蒙台梭利观察到的一件事。蒙台梭利教育法的主导思想之一就是了解孩子、尊重孩子，这种思想贯穿在她对这件事的评论中。

有一次，几个孩子有说有笑地围着一个水盆，水盆里漂着几件玩具。我们学校有一个才两岁半的男孩。他被一个人丢在一边，很显然，他非常好奇。我从远处仔细观察他。开始，他靠近孩子们，想挤进他们的圈子，但他的力气太小。于是他环顾四周。他的表情非常有趣。很可惜当时我手边没有相机。他的目光落在一张小椅子上。看来他决定把椅子推到那群孩子旁边，然后爬上去。他满脸兴奋地走到椅子旁，但这时保育员却粗鲁地（她自己大概会说是温柔地）拉起他的手，把他抱起来，举到其他孩子的头顶，给他看水盆，大声嚷道："看这儿，小不点儿，你也看看！"

毫无疑问，孩子虽然看到了漂在水里的玩具，却没有体验到本可以借助自己的力量克服障碍后获得的那份快乐。他想看的东西并不能给他带来什么益处，而他想方设法要做的尝试才有助于其心智和意志的发展。保育员妨碍了孩子的自我教育，却并未给他换来其他的好处。孩子已经开始体验胜利者的滋味，却突然在两只束缚自己的手臂中感到自己的无力。他脸上那让我产生极大兴趣的快乐、不安和充满希望的表情消失了，换成了一个知道凡事都会有人替他来做的孩子脸上那种麻木的表情。

我想请读者注意蒙台梭利的几点看法：

● 对孩子来说，用自己的力量克服障碍非常重要；

● 这种尝试可以使他的心智（个性）得到发展；

● 他已经开始感到自己是胜利者了；

● 但保育员干扰了孩子，于是孩子脸上的喜悦换成了一个知道凡事都会有人替他来做的孩子脸上的那种麻木表情！

蒙台梭利的最后一句话触动了这个问题的"精髓"：

剥夺孩子行动自由的教育者会扼杀孩子与生俱来的发展能力。

成年人为什么会这样做呢？

有两个主要原因。一是家长对孩子**过度关心**，二是家长固守成见。他们认为，**不强迫**，孩子就不会学习。

过度关心，危害无穷

我想讲一件小事。事情虽小，却很有启发教育意义。这是一对年轻父母讲的——又是关于婴儿学步的故事。

这几天我们的女儿终于开始走路了。虽然最初几天她会在地面软的地方跌倒，我们对此并不太在意，她也一样。因为人小，所以她摔得并不重（不像我们"从两米高的地方跌倒！"），而且她天生就具有协调性：向后摇晃了一下后，立刻弯起身子，稳稳地屁股着地。周末奶奶把她接去了。结果，太恐怖了！奶奶带过之后，这孩子摔跤的时候变成后脑勺着地，四仰八叉！我们猜出来这是怎么回事了：因为奶奶总是跟在她身后，当她要摔跤的时候就从后面把她扶住。结果现在她失去了天生的协调性和自身的警惕性！现在只好重新恢复这些技能，还得给奶奶好好上一课！

奶奶的表现说明她不相信孩子天生的力量与能力，因此给孩子带来了危害，幸好孩子的父母明白其中原委，并消除了不良后果。然而情况并非总是如此圆满。有些时候，孩子真的是被父母所谓的关心给摧残了。

我见过这样的一家人：妈妈、保姆和奶奶三个人围着一个小女孩转。所有人的任务都是：不能让孩子自己呆一分钟！如果孩子在玩儿——要坐在她身边；如果她有什么事做不好，要立刻帮助；不能让她不高兴，她只要一哭，想要什么就得给她什么。小女孩学走路很慢，因为大人总是跟在她身后扶她。她已经两岁半了，可是当她在郊外自家的院子里跑的时候，保姆还是不得离开她超过两米。如果距离拉远了，在一旁监视的妈妈就会向保姆提出来。结果这个小姑娘依赖性很强，笨拙、胆小、任性。

对孩子的关照是必需的，但这种关照的**"度"**和**"量"**该如何把握呢？

如果没有保姆或奶奶的话，情况会比较好——妈妈总有疲倦的时候，这样小孩子就可以有脱离照管的时间。否则一刻也不放松的监护和关照就会像接力棒一样从一个"监护人"传给下一个"监护人"。

在这样的家庭里，学龄前儿童的自由度大致相仿：除了家庭监护，还要加上幼儿园里必须遵守的作息制度。孩子上学以后，就更别想拥有自己的时间了。过分操心的父母又会不断地给孩子加压，让他得不到喘息，"免得他无所事事，要他尽量学习好一些"。于是，**过度的关心不知不觉地变成了强迫。**

这样一来孩子会怎样呢？

早知如此，何必当初

如果父母为了让孩子（在音乐、体育、学习方面）取得好成绩而"竭尽所能"，而孩子又听话、又敏感，那么他就会努力满足父母的所有期待，顺从他们的要求去"拉套"。这种情况可能持续多年，但结果往往出人意料，至少不是父母所期待的。

比如，经常有很用功的女孩子以优秀的成绩从音乐学校毕业以后，把琴盖一盖，就再也不碰琴了！而在此之前的七八年时间里，她每天都要刻苦地练上几个小时的钢琴！她们用功练习的原因很可能主要来自外部：父母要求太严，担心父母伤心、老师不满，害怕成绩不好。结果，外部的压力一旦消失，弹钢琴就成为一件无关紧要，甚至令人反感的事情——练琴受了多少罪，吃了多少苦！此时此刻，女孩自己和父母都会扪心自问："早知如此，何必当初？费那么大的力气，花那么多的精力，有什么意义？"

当我们不管孩子是否真的感兴趣，强迫他学东西的时候，就应该想想这个问题。

这里我想引用一段阿尔伯特·爱因斯坦的话。

现代的教学方法，竟然还没有把研究问题的神圣好奇心完全扼杀掉，真可以说是一个奇迹；……认为用强制和责任感就能增进观察和探索的乐趣，那是一种严重的错误。这好比一头健壮的猛兽，当它不饿的时候，如果硬用鞭子赶它吃食，特别是强迫它吃那些不喜欢的食物，那它也会丧失贪食的习性的。

> 所以，强制会扼杀孩子发自内心的求知欲，剥夺他"探索和求知的乐趣"，最终使他无法选择自己的道路，选择生命的主项。

帕格尼尼之谜

但毕竟有些人通过残酷的训练确定了伟大志向，取得了非凡成就。最鲜明的例子就是著名作曲家和小提琴家尼科洛·帕格尼尼。他的成长经历在很长时间内使我这个反对强制的人感到百思不得其解。

我们从帕格尼尼的传记中得知，他的父亲异常严厉，甚至有些冷酷。他强迫儿子整天练琴，经常打他的手指，把他锁在家里。如果小帕格尼尼跑出家门到海边去玩，他的父亲就会狠狠地揍他。

帕格尼尼后来对他的传记作者说：

很难想象有比我父亲更严厉的父亲了。当他觉得我练习不够用功的时候，就不许我吃饭，强迫我饿着肚子加倍用功地练习。因此我经历了很多身体上的痛苦，我的健康也因此受到了影响。

那么这个孩子为何最终没有讨厌拉小提琴呢？

第三章 更多、更好地理解孩子

我们也是在帕格尼尼的回忆录中找到了答案。在他大约7岁的时候,有一次他在教堂听到管风琴的演奏,一下子被那声音震撼了,他**心醉神迷**地听着那音乐,完全沉浸其中,忘记了一切!那一次的感觉成为决定他命运的关键。从此以后尼古拉对小提琴的迷恋一天比一天加深,音乐成为他人生的全部意义!

下面这句话也是帕格尼尼说的:

听到乐器的声音我总是欣喜若狂,我持之以恒地练习,想找到全新的、从未被人发现的指法,好演奏出令人震撼的声音。

这个孩子所感受到的是什么?他被音乐所震撼,欣喜若狂——那一瞬间的感受深深地印在孩子的心中,"点燃"他的激情,成为他顽强探索、试图最终弄清自己使命的核心动力。用心理学的专业术语来说,产生了**稳定的内在动机**。

这种动机的特点在于，它能产生极大的能量。这种能量不仅会用来实现远大的目标，而且可以用来克服困难，包括严峻的考验。

这样的困难和考验不会使人对他所喜爱的事情产生反感，因为意义重大，无比重要！形象地说，别人可以"打我的手指"，但我能忍受，因为对我来说世界上最重要的事情是，我想用小提琴演奏出可以震撼人们的天籁之音。

于是"帕格尼尼之谜"得到了破解。他之所以能够成为一位大师，不是**因为**启蒙老师的强迫和责罚，而是因为他**不顾**这种强迫和责罚。他对音乐的迷恋，他自己的意志比他所经受的数不尽的考验更加强大。当他还是孩子的时候，就已经发现自己拥有与生俱来的战胜困难的力量。

这个故事可以用一个比喻来表达：

创造之花可以冲破坚硬的沥青路面自由开放。

不过我们还是要补充一句，无论如何，沥青绝不是培植花朵的最好肥料，很多花儿在这种环境中都会枯萎衰亡。

除了强制，还有别的方法

但是如果不强制、不监督，如何教育孩子，给他立规矩呢？

谈到尊重孩子的自由时，家长和老师经常提出这个异议。具体的表述五花八门：要教导、训练、教育他负责任，培养责任感，如果不强制，怎么才能做到这一点呢？

一点不错，教育的目地确实如此，任何一个"儿童自由捍者"都不会有异议。受到质疑的只是强制的方法。

英国著名的教育家和心理学家亚历山大·尼尔做过一个长达40年的独特试验。上个世纪20年代他为"问题孩子"创办了一所寄宿学校。他没有采用一般学校的严格纪律和强制措施，而是推行自由的原则。最大胆的创举在于，在这所学校孩子想上课就上，不想上就不上！孩子们还有自由选择上什么课。结果如何呢？尼尔在《夏山学校——自由教育》一书中对此进行了描写。

新生在得知学校的这个规定以后，高兴地表示，他们一辈子也不会再上一堂蠢课了。

这种情况，——作者写道——有时会持续几个月。他们疯玩儿，骑自行车，骚扰别人，不上课。"问题孩子"转变为"正常孩子"的时间长短与他们在以前学校所得的"厌学症"的严重程度成正比。一个来自教会学校的女孩子创下了最高纪录，她闲逛了整整三年。一般来说，从"厌学症"到"开始上课"平均需要三个月的时间。

在大多数情况下，夏山学校的高年级孩子很快就补上了落下的功课。这些自由的孩子身上还出现了其他一些神奇的变化。但这些我们以后再说。尼尔实验获得了极好的实际效果，做出了心理学方面杰出的发现，我们一定还会再谈到这些。

——

到目前为止，我们讲的内容主要是普通心理学机制方面的知识以及理解孩子——理解他们的生活、他们的内心感受、他们的行为和成长。下面我们来谈一谈与孩子共同生活的成人的行为。

第四章
成功的教育经验

在孩子的成长过程中，成人能给他们什么呢？为保证他能够顺利地接受教育、健康成长，成人应该注意些什么？对于这个问题，我们已经根据对孩子生活的观察和一些心理学知识做过一些讨论。

现在我们来看一看一些著名教育学家和家长的**实践经验**。他们借助于知识和对孩子的理解，大胆突破传统教育方法，找到很多效果显著的途径来教育孩子。

我相信，他们的经验可以为很多家长和老师提供参考，启发他们脚踏实地地迈出育儿的每一步。

蒙台梭利：不要压制生命自身的发展！

蒙台梭利实践活动的座右铭可以归纳为这样一段话：

> 如果孩子刚刚表现出积极性，我们就窒息他这种直接的自发冲动，其后果不堪设想。也许我们就此窒息了他的生命本身。

蒙台梭利在学校专门培训教师（她称之为"指导老师"）不要妨碍孩子做事。指导老师很难做到这一点，往往不解地问："那要我们干什么？"蒙台梭利建议她们首先观察全神贯注做事的孩子。她自己为孩子琢磨出五花八门的习题和教具。

其中一种教具是一块木头，上面有10个洞，洞的直径依次递减，另有10个直径相应的圆柱体，每个圆柱体可以正好插在一个洞中。先给孩子们看插好的圆柱体，然后拆下来，把顺序打乱，让他们重新插好。

对于2~4岁的孩子来说，这道习题成了一种很有趣的游戏，玩的过程中可以锻炼多方面能力：目测的能力，手的灵巧性，集中注意力，发现和修正错误的能力，以及为达到目的而行动的"逻辑性"。例如，如果圆柱不能插进洞里，就要找另一个比较大的洞；如果找不到，就说明有小的圆柱体放错了，放进了大的洞里等等。这个游戏孩子可以玩上几个小时，直到逐渐学会把所有的圆柱体插好。

蒙台梭利写道：有一次我观察到一个 4 岁孩子第 16 次做这个练习的时候，就吩咐别的孩子唱歌转移他的注意力，但他一动没动，继续插那些圆柱体，他会出错，但最后会找到正确的位置。

在蒙台梭利看来，旁边的成年人此时**应当做什么呢**？

最笼统的回答是："引领孩子的生活和心灵"（而不是他的个别行为）。具体地说，就是：

- 首先，保证他的个人自由——让他可以做他现在想做的事；
- 其次，"创造丰富的环境"，也就是尽量为孩子提供丰富多样的，适合他的发展水平的教具、游戏、作业。

有时只要给孩子展示一下游戏，他就会自己去做这个游戏。成年人只要展示用这种东西可以做什么，孩子就可以主动做下去。蒙台梭利认为，"环境"可以促进孩子自身的行动，同时成年人的参与一定要谨慎，要讲艺术！

> 令人难以置信的是，让孩子自由地发展不仅会使孩子更快更好地进步，而且会使他们更守纪律。

让我们来思考一下其中的关联机制。我们看到，孩子自己选择的活动，对于他来说总是有趣和有益的。为了做得尽量好些，他想重复这个活动。他很努力，表现出了超强的毅力和顽强。勤奋、毅力和顽强是兴趣的自然结果，同时也是产生**自制力**的条件，因为自制力就是学会必要的行为并为达到某个目标而对其加以组织的能力。

一个沉浸在习题中并取得成功的孩子不可能不守纪律，这一点完全可以肯定。不守纪律是当孩子感到无所事事，或者当他对别人希望他、强迫他做的事暗中抵抗时而表现出来的调皮捣蛋。正因为如此，蒙台梭利认为"积极主动的守纪律需求"与"消极被动的守纪律需求"（简单地服从成人的意志）是截然相反的。

同时在她的学校中还严格奉行一条原则：**坚决制止孩子粗鲁、不礼貌、妨碍别人的行为**。结果在蒙台梭利的学校中发生了另一个"**奇迹**"：出现了一种特别的安宁、友善、互相礼让、互相关心的氛围。

尼尔：站在孩子一边

在尼尔的学校里生活着一些6~16岁的孩子们。入校时他们大多被认为是"难管的孩子"或"问题孩子"。尼尔认为，难管的孩子是不幸的孩子，他认为自己的任务是尽其所能把幸福还给孩子。前面已经说过，在他的学校里孩子们如果不想上课，就可以不上。孩子尽情地玩耍，做他们感兴趣的事。过了一段时间，有时是几个月，有时是几年，他们开始去上课，不是因为别人对他们说"必须"，而是因为他们**自己产生了学习的愿望**。孩子们在学习和行为方面都经过了一些有趣的发展阶段。尼尔写道：

我在那些从预备学校和教会学校送来的新生身上看到了束缚和压制的恶果。在这些孩子身上，虚情假意和故作礼貌交织在一起。可以预见，他们对自由的渴望是多么迫切。头几周，他们"恭敬"地为老师开门，对我以"先生"相称，梳洗打扮得非常整齐。他们"满怀敬意"地看着我，但在这种"敬意"中一眼就可以看到恐惧。经历几个星期无拘无束的生活以后，他们便暴露出自己的本来面目：变得粗鲁、邋遢，风度全无。他们会做以前被禁止的所有事情：说粗话，抽烟，毁坏东西，同时他们的目光和语气中仍保留着虚假的礼貌。

他们摆脱虚伪至少要用半年光景。在此期间他们也失去以前那种对权贵假惺惺的谦恭态度。成为自然健康的孩子,能够坦然、大方、礼貌地表达自己的想法,他们总共需要6个月的时间。

这样的结果令人难以置信。 通常会出现很多疑问。首先,孩子们为什么会在一段"无拘无束的生活"之后开始学习?为什么在"故作礼貌"一段时间之后会表现出行为粗鲁和放任自流,而后才开始变好?为什么让孩子获得自由会产生这样的效果?这种自由是什么东西?其背后的心理机制是什么?

这些疑问都是向实践家尼尔的心理学发出的挑战。我们先来看看这种心理学的基本主张:

我们开始创建这样一座学校,在这里孩子拥有做他自己的自由……这里所提出的唯一要求是信任孩子:相信他性本善,而不是恶。40多年来,对于孩子性本善的信念丝毫未曾动摇过,而且已经变成一种坚定的信仰。

孩子的本性是善。除此以外，尼尔还认为孩子都很明智，富有正义感和同情心。那么他们为何要说谎、偷窃、做出无赖行为呢？

尼尔认为问题出自强迫和责罚。家长（老师）在强制和责罚孩子时表现出暴力。而所有的暴力都会伴随着恨！无论是实施惩罚的父母还是孩子都会产生这种感情。

孩子将积攒下来的委屈、愤怒和恨投向大人、社会和自己，其表现方式为不听话、妨害社会的行为以及与成人的努力暗中对抗，最终决定破罐子破摔：**我就要做个坏孩子**！他逐渐变成一个"不幸的孩子"。家长和孩子双双落入"**恶性循环**"。

恶性循环是这样形成的：

- 大人用监管和强制的手段（评价、批评、施压、惩罚）实现孩子行为的规范化；

- 这些手段引起孩子的负面感受和抵制；

- 大人恼火，在愤怒中加大压力；

- 孩子的怨恨增长；

- 由于（有时是意识不到的）愤怒而变得对一切麻木不仁、懒惰、厌学、叛逆、否定成人的价值观、危害社会；

- "教育者"的压制和惩罚力度继续加大，"恶性循环"形成。

结果孩子逐渐变得难以驾驭，父母和老师束手无策。

打破这个恶性循环应该从何入手呢？尼尔找到了关键的"切入点"。

> **停止对孩子施加压力，消除管教带来的负面情绪。**

简而言之，信任（孩子本性是好的）、接纳和友善是最好的"特效药"。

那么，尼尔教育活动的**建设性方案**究竟是什么呢？他对此研究了40余年，并在书中进行了描述。在此我们只谈他的几个重要发现及其例证。

他采取的第一个果断步骤前面已经谈过：孩子可以不上课。尼尔认为，一般学校以及其他教育机构，包括大学的制度滋生了束缚与强制，而这正是一切问题的根源。家长自己在这种束缚中长大，又在早期的家庭教育中将其加以复制。最糟糕的是，他们相信自己更清楚孩子需要什么，并着手"塑造"孩子。

一个自由的孩子会不停地玩耍。尼尔写道："我不知道孩子和小猫为什么要玩耍。我想，是因为能量。"尼尔认为，这就是那种机体自由成长的能量，要给它提供宣泄的出口。一个自由自主的孩子更"清楚"自己应该向着什么方向发展，如何发展。因此，在尼尔的学校里排在首位的是玩耍，而学习最多占第二位。尼尔认为，在我们的社会，孩子来不及尽情充分地玩耍，这不仅是许多心理问题的根源，也是很多文明痼疾的根源。

尼尔经过实践得出的两个结论是：

- 取消强制，让孩子们尽情玩耍；
- 给予孩子情感支持。

我工作了很多年才意识到，我对孩子最大的关怀就是……对其自身的毛病大加赞赏。换言之，我试图摧毁外界强加给他的对自己的恨。

好妈妈，释放孩子的天性

尼尔有时会独辟蹊径，用匪夷所思的方式帮助孩子。他通常在和孩子，特别是"问题孩子"个别谈话时采用这种方法。

尼尔写道，有一次，我请一个 14 岁的男孩来找我谈谈。他刚从一所典型的封闭式私立学校转来。他是由于偷窃被原来的学校开除的。

我发现，他的手指因为抽烟已经发黄，于是我把自己的香烟拿出来请他抽。

"谢谢，"他含糊地说，"我不抽烟，先生。"

"拿一支，拿一支，鬼骗子。"我笑着说。于是他拿了一支……

哎呀，我真想把他当时的表情照下来！

"我听说你是个狡猾的骗子，"我说，"怎么才能骗过铁路公司，逃票坐车呢？"

"我从没骗过他们，先生。"

"哦，那可不够劲。你应该试试。我知道很多办法。"接着我讲了几种。

他目瞪口呆。他肯定到了疯人院了。校长跟他谈论如何更巧妙地行骗。几年后他跟我承认，这是他有生以来受到的最大的触动。

孩子为何深受触动？因为一个应该监督学生遵守法律法规和道德规范的校长竟然教他如何去行骗！他乱了方寸，以至于他反抗大人的主要武器——欺骗和偷窃，一下子失效了！而这个了解和接纳他的怪校长究竟是怎么回事？孩子隐隐约约地感到，这个人内心深处对他怀有善意。

但这是为什么呢？！他还从未遇到过这样的一个成年人！

尼尔不止一次地使用这样的套路，从未失手：

在给一名少年盗窃犯治疗的实践中，刚开始我不止一次和他一起去偷邻居家的鸡或帮他从学校的零钱柜里偷钱。

与被谴责（以及自我谴责）的孩子接近不仅是一种"方法"，而且是一种特殊的表达方式，告诉他："我理解你，接纳现在的你。我想，你的这种行为是有重要原因的。我和你在一起，我们可以在一起相处。"

下面这个故事也是关于这个主题的。它对我们的价值是因为其中引述了少年自己的证词。

尼尔写道，几年前，送来了一个少年，他是一个真正的骗子，偷东西的手段很高明。他来了一个星期以后，我接到了一个从利物浦打来的电话。

"我是×先生（一个在英国很有名的人物）。我的侄子在您的学校，他给我写信问他能不能来利物浦住几天。您不反对吧？"

"没问题，"我说，"但他没有钱，谁为他出路费呢？您最好跟他的父母联系一下。"

第二天这孩子的母亲给我打电话说，迪克叔叔给她打了电话。她和丈夫不反对阿尔杜尔去利物浦。他们查过了票价——是

28先令。她问我能否把钱给阿尔杜尔。

这两个电话都是阿尔杜尔在学校旁边的电话亭打的。他会模仿别人的声音,无论是年老的叔叔,还是母亲,他都学得惟妙惟肖。一开始我没识破他的把戏,被他骗了,把钱给他了。

后来我和妻子对情况进行了分析,认为把钱要回来是不对的,因为这小子对这种处置方式已经习以为常。妻子建议奖励他。晚上很晚的时候我走进他的卧室。

"你今天很走运。"我快活地说。

"那还用说!"他回答。

"是啊,可是你比你想象的还要走运。"我继续说。

"什么意思?"

"你妈妈刚才又来电话了,"我随随便便地说,"原来,她把票价搞错了,不是28先令,而是38先令。所以她让我再给你10先令。"

我若无其事地把10先令钞票往他的床上一扔,不等他开口说话就走出了房间。

第二天他去了利物浦,留下一封信……信的开头是这样的:"亲爱的尼尔!你是比我更好的演员。"后来好几个星期他总是缠

着我问，我为什么要给他这10先令。

最后我答复他说："当我把钱给你的时候，你是什么感觉？"他沉思了片刻，然后慢慢地说："你知道，这是我有生以来受到的最大触动。我觉得，你是我这辈子第一个站在我这一方的人。"

"我遇到一个懂得'爱就是接纳'的孩子。"尼尔总结道。

尼尔的出奇制胜表现出他对儿童心理的准确把握，通过与孩子"合伙"参与为人不齿的行为，几乎"像做外科手术一样"除掉孩子对与他为敌的成人世界的憎恨，同时向他表明，正是这个成年人能够理解他，接纳他。

在采取这些大胆的步骤时，尼尔必须明确地**分清自由和为所欲为的界限**。这两个概念之间的界限很微妙，特别是在"难管的"孩子身上。

在此，尼尔的哪些经验可以帮助家长找到这个微妙的界限并守住这个底线呢？

万能的药方没有，但方法很多。

首先，不要把所有的破坏行为都视作为所欲为的表现。要培养足够的耐心，要知道，自由的孩子难免会自行其是，随着时间的推移他会"走上正轨"。

另一方面，也不要用给孩子自由来为他的一切行为开脱。有些行为应该严格禁止，但禁令不能太多。例如，在夏山学校**绝对不准**玩火，玩气枪，用危险的剑打斗（剑应该是木制的，并用布包住）。

切记，如果禁令不多，孩子们是完全可以忍受的。

说到禁止，就要谈谈尼尔独特的惩罚方式。

尼尔认为体罚完全不可取。在他的学校里也会对学生进行罚款。如果有谁违反学生自己在大会上通过投票（校长和6岁的孩子所投的票是等值的）制定的规则，他就会受到制裁。学校还规定，不许给别人带来损害——包括他人的权利和利益，他人的个人财产（规定不得打扰别人工作和睡觉，未经允许不得动用别人的东西，不得损坏别人的用具，把灯和窗户打破要赔偿）。同时受害者（不管是小孩子还是工作人员）可以在会上大声申诉自己受到的损害。很重要的一点是，申诉要采用我们现在所说的"第一人称表述"。受害者在申诉中说明自己受到的损失，但不对过错方进行愤怒的攻击。

通常违规者都会心悦诚服地接受会议的裁决。但如果他觉得惩罚太严厉，那么"案件"就会被特别仔细地重新审理；一般来说，二审裁决会比较轻。

这种"量刑处罚"也是尼尔心理学实践中的神来之笔。我们看到，惩罚不是来自被授权的某个人，而是来自由公正、友善的孩子组成的集体。"量刑"过程的焦点是讨论，即大家发表"支持"或"反对"的意见。"支持"当然是表示理解某个行为，即使认为它不对，也希望从轻处理。这是对孩子的心理支持。这可以减少愤怒和憎恨的蓄积，尼尔认为孩子的一切不幸都是由此造成的。

您可能会问，家里没有"全体会议"和儿童法庭，那该怎么办呢？

我想答案是这样的。可以把这种方法的精髓贯彻到家庭教育中。说到惩罚，其功能是保持对公共规则的尊重，而不是为了维持个人或家长的权威。

至于教育孩子的通用方法，最好引用尼尔本人对父母说的话：

> **要放弃权威。让孩子做他自己。不要没完没了地催促他。不要管教他。不要教训他。不要对他说教。不要过分赞扬他。不要强迫他做任何事。**

"也许，"作者补充道，"这个答案对您不合适。但是，如果您拒绝我的方案，希望你一定要找到一个更好的方案。"

兹翁金：问题比答案更重要

很多家长能够避免对孩子说教、训导，他们一直努力观察孩子的成长，并尽其所能参与其中。

不久前亚历山大·兹翁金出版了一本好书——《小宝宝与数学》。这是一位父亲的记录，他连续几年在家开办"数学班"，给学龄前孩子及其朋友们上课。他自己是学数学的，不过在课上（他的书就是关于这些课的）却是一个细致热忱的观察者，直觉敏锐的心理学家，他善于理解和感受孩子的内心活动，能够发现不同年龄段的孩子在能力方面所表现出来的差异，研究孩子智力发展的有趣过程。

对于每一个想丰富孩子发展环境的人来说，兹翁金所收集和设计的习题、问题以及与孩子们谈话的主题都是锦囊妙计，他一定能够从中获得启发，同时被作者的激情所感染。我以书中的一段谈话为例。

小女孩热尼亚（兹翁金的女儿）两岁零一个月。桌子上有一套迪恩斯积木——有圆形、方形和三角形。每种形状都有大有小，分为红、黄、蓝、绿四种颜色，有的中间有个眼儿，有的没有眼儿。小女孩要玩"这个"，父亲就交给她一项力所能及的任务——把所有积木放进盒子里。盒子里每种形状有两个槽,每个槽里可以放四个,一个槽中放四个有眼儿的,另一个槽中放四个没有眼儿的。

热尼亚兴高采烈地玩了起来。开始时她完全是随意乱塞,比如,想把大方形塞进小三角的槽里……她放对了,我就会喊一声"On!"为她鼓劲。

如果她把小圆形放到了大方块的槽里(她显然认为做得对——因为放进去了!),我就不说话。慢慢地,她自己也可以分清放得对还是不对,自己开始说"On!"。

她还对我解释说,她在安顿这些积木睡觉。我们这样做了整整一个小时,来来回回把所有积木"安顿"了三次。其间,热尼亚学会了辨认相同尺寸、形状的积木,但还是没有学会把积木和槽的形状对应起来。积木摆放的过程大致如下:比如说,她拿起一个大圆形,逐个把它往不同的槽里塞。找到一个合适的槽以后,她就从很多的积木中一个一个地把所有的大圆形挑出来,全都放到那里。开始一切顺利:五个圆形都放进了槽里(虽然她本打算放四个)。可是第六个却放不进去了,留在了外边。遇到了新的难题。

有趣的事发生了……热尼亚知道,既然其他圆形都放进槽里了,这一个也应该能放进去。因此要把前面的圆形拿出来,先放

这个，然后再放那些拿出来的（因为它们已经证明自己可以进到槽里去，也就是说，再进去也没问题）。她不能把那些积木抠出来，所以求我说：

"爸爸，帮我抠出来……"

就这样又反复调整了一番——热尼亚非常喜欢玩这个游戏，会主动要求我跟她玩，一玩就是一个小时或更长时间。但后来她不再要我陪，自己玩。

（2005年夏天，热尼亚25岁了。我这本书快要写完时，热尼亚看到我桌上的迪恩斯积木，她说，直到现在，每当她想起它们的时候，心里还是会兴奋得要命。）

在这段描写中最吸引人的是对两个参与者的活动的描写，首先是小女孩。孩子表现出顽强、专注和自己的逻辑性——一个两岁孩子令人心动的逻辑性。例如，第六个圆形不能放进槽里，但它和前面的圆形是一样的，就是说，如果它第一个进去的话，就应该可以放进去，其他的也可以放进去——因为它们已经进去过了！爸爸也参与了活动，他说"On!"，应小女孩的要求把积木抠出来，其他事情一概不插手，只是做一个充满关切的旁观者。我们不禁想起蒙台梭利的话：教育者把握参与孩子活动的**时机与分寸**的能力是一门了不起的艺术。

在下面一道习题中也可以体现孩子的"逻辑"和成年人的适量参与。但这一次的参与者是三个3~4岁的男孩子。他们讨论的对象是用硬纸壳做的各种形状（正方形、直角形和不规则四角形）。

我们详细地讨论这些形状的特点。首先，所有的形状都有四个角。也就是说，每个都可以叫做四角形。结论是：我们共有三个四角形。同时其中的两个四角形中所有角都是直角，所以叫做直角形。

两个直角形中有一个是特殊的：它的每条边都一样长。它叫做正方形。

正方形有三个名称：正方形，直角形，四角形，这三个叫法都对。我的这个意见遭到孩子们的反对。孩子们坚持不愿意把概念交叉，而他们的解释让人怀疑他们还没有真正懂得"整体大于其组成部分"这条伟大定律。

十分钟之前他们还在争论，爸爸和爷爷是不是男人，而男人是不是人。现在他们无论如何也不同意把正方形叫做直角形：他们认为应该或者叫这个，或者叫那个。我为了捍卫正方形在所有直角形中的平等权利，我进行了一场真正的宣讲活动。慢慢地，我的宣讲开始起作用了。我们再次进行了总结：

——我们有多少正方形？

——一个。

——直角形呢？

——两个。

——四角形呢?

——三个。

似乎一切进展顺利。于是我提出了最后一个问题:

——世界上什么比较多——正方形还是四角形?

——正方形!——孩子们毫不犹豫异口同声地回答。

——因为剪正方形比较容易。——季玛解释说。

——因为在家里,在屋顶上,在盒子里有很多正方形。——热尼亚解释说。

这正是问题的症结所在。一年半后,这个结在没有任何准备和外在因素的情况下解开了。夏天在森林里散步的时候,季玛忽然对我说:

"爸爸,你记得吗,从前你给我们提过一个问题,正方形和四角形哪个更多?我觉得那时候我们回答的不对。实际上四角形比较多。"

接着他有条有理地解释了原因。从那时起,我开始信奉一条原则:问题比答案更重要。

相信这个事实会让您和作者受到同样的触动。

如果给孩子提出的问题让他困惑,不用讲解,不用灌输,不用逼他接受正确的答案,把这个问题留给他,他会不声不响地坚持深入思考这个问题。

这些意见对那些热衷于孩子早期教育,有时想"拔苗助长"并因此饱受其苦的人尤为有益。

我还想从兹翁金的教学活动中举出许许多多的例子。这些例子都是以内容吸引孩子,都符合孩子的智力水平,所以不愧为一种艺术。这里我们再举一个例子。

桌子上的玩具盘子摆成一排（童话的一部分，内容是王子和公主以及在宫殿里举行宴会），几个四五岁的女孩子在数盘子。一个小女孩数出的数是 11 个。

然后由热尼亚来数。开始她一边用手点着一边数出数来，后来就"心手不一"了，结果数出的盘子数是 14、15 个（并不等同于成人的大概估计："这种东西大概是十四五个"）。对她来说，这好比一个复名，像安娜－玛利亚一样。热尼亚还不知道，数数的时候，物体的每个总和只能有一个名称。然后萨尼亚数，结果也是 11。我对热尼亚说：

——你看，两个女孩子数出来的数是 11。你也试试数出来 11 个。

热尼亚乖乖地数了起来，结果还是 14、15。只好由她了。

我想特别强调父亲的最后一句话："只好由她了。"这反映出一种理智的育儿态度：接受孩子目前的状况，相信他可以继续发展，而且是独立地发展。

第四章　成功的教育经验

费曼的父亲：关注孩子的内心活动

我们来看看其他的成功案例，看看成人（通常是父母）是如何呵护孩子刚刚萌芽的创造力的。

美国著名理论物理学家、诺贝尔奖获得者理查德·费曼讲的一件童年往事令人印象深刻。费曼不仅是一位杰出的科学家，而且是一位杰出的教师——全世界一代又接一代的物理学家都以"费曼物理学讲义"为教材。费曼说，他是从父亲那里学到研究人、理解人和教导人的本领的。他父亲是个卖工作服的普通商人，但他却拥有活跃的思维和敏锐的直觉。他经常带儿子出去玩，一边玩一边慢条斯理地跟他聊天。

父亲说："看见那只鸟了吗？你看，鸟总是叼它的羽毛……你想，鸟为什么要叼自己的羽毛呢？"

我说："嗯，可能是飞的时候它们的羽毛乱了，它们要整理好，所以要叼羽毛。"

他说："好，如果是这样，它们飞完以后应该马上叼一阵子羽毛。而它们已经在地上呆了一会儿以后，就不会再使劲叼羽毛了。你懂我的意思吧？"

我说："唔。"

他说："我们来看看，它们刚落地以后是不是会更多地叼羽毛。"

这不难看出来：在地上走了一阵的鸟儿和刚刚落地的鸟儿叼羽毛的情况没有多大区别。

于是我说："我投降了。鸟为什么叼羽毛呢？"

好妈妈，释放孩子的天性

　　这只是父亲和小理查德多次恳谈中的一次。他们还讨论过恐龙的个头儿（"曾经那么庞大的动物，后来都绝迹了，而没有人知道为什么，一想到这个我便会亢奋、兴致盎然。"）；为什么在小车往前走的时候车里的小球会向后滚；一起研究过苍蝇的幼虫在树叶上留下的痕迹。这些谈话不仅包括对新生事物的认识，也包含他们共同的感受。当别的孩子的母亲希望费曼的父亲把他们的孩子也带出去玩儿的时候，他解释说："我和他之间有特殊的关系。"

　　我想特别强调最后这句话——"**特殊的关系**"，这是什么意思呢？

　　当然，这首先是父亲对孩子一个人的关心——因为在一群孩子中不可能做到这一点。他对儿子的一切内心活动都很关注，包括他如何观察、思考、寻求答案。同时他的求知欲和爱钻研的精神也感染了儿子。

"没有机会接触别人的父亲,所以我不知道自己的父亲有那么好。"理查德·费曼说。

可以说,费曼的父亲创造了一种特殊的沟通氛围,其中既有对孩子的体贴理解,又有对他独立思考的尊重,最后是**两人共同着魔的状态!**

有人小时候得到过某种神奇的东西,长大后他会不断地寻找这种东西。我就是这样。就像小孩子一样,我总是在寻找奇迹,我知道我能找到,结果真的找得到。

从这段话还可以发现父亲赋予费曼的一种"才能"——从鸟的羽毛、滚动的球、树叶上的痕迹之类无足轻重的东西中发现奇迹。

而每个孩子原本都有能力发现并感受到大自然中的这些奇迹!

母亲身上的人性光辉

孩子特别易于接受父母或老师对美、艺术和精神文化的看法。我引用一段伊莎多拉·邓肯的回忆:

因为妈妈,我们的童年生活充满了诗情画意。每天晚上,她总是会在钢琴前坐下来弹上几个小时,非常陶醉,忘记周围的一切……

母亲很少关心物质方面的问题,受她的影响,我们也对于拥有房产、家具和金银器皿漠不关心,视其为粪土。有她为榜样,我一生从未戴过一件珠宝。她教导我们说,这些东西都是累赘。

我觉得孩子在学校受到的普通教育是绝对没有益处的。我是在母亲为我们弹奏贝多芬、舒曼、舒伯特、莫扎特、肖邦,为我们朗诵莎士比亚、济慈或彭斯诗歌的那些晚上受到真正教育的。那些时光让我们无比陶醉。

用茨维塔耶娃的话来说,她母亲用音乐来"浇灌"自己的孩子,音乐的美在孩子的心中转化为抒情诗的美。

最后再来看一个例子,这一次是引自查理·卓别林的自传。

记得我们住在奥克利街地下室的时候,有一天晚上,我得了流感,躺在床上养病……天已经快黑了,母亲背对窗户坐着,给我读《新约》。她一边哄我,一边用她那绝妙的方式给我讲基督是如何怜爱穷人和小孩的……妈妈讲着讲着,流下了眼泪……

在奥克利街地下室这个黑暗的房间里,母亲用仁慈的光芒照亮了我的灵魂,正是这种光芒赋予文学和戏剧伟大、永恒的主题:爱、仁慈与人性。

从这些例子中可以看到,有时孩子比成年人更易于接受人类的崇高价值,更容易认同这些价值。这不禁令人想起大主教安东尼奥·苏洛日斯基的话:

人只有在"另一个人——哪怕只有一个人——的脸上看到永恒生命的光芒"时,他才能获得精神上的富足。

如何培养孩子的高尚情操，恐怕没有比这更精炼、更准确的表述了。

家庭氛围对孩子的潜移默化

如果孩子能够在父母的"脸上"看到文化和道德的"光芒"，那么他是很幸运的。

俄罗斯著名哲学家、学者巴维尔·弗洛连斯基在其回忆录中这样描写他童年时代的家（19世纪末）：

我们家弥漫着温馨的气氛，主要是家风高尚纯洁。每个人都是如此。家里听不到一句下流话，看不到一点低级趣味和自私自利的表现；父亲对人，无论是身边人还是毫不相干的人总是那样宽厚、热情、善良。在他的影响下，家庭成员之间谦和礼让，相敬如宾。旁人则对父亲和我们全家充满尊重，心怀敬仰。

在回忆录中，巴维尔·弗洛连斯基还讲到家庭氛围如何培养了他的意识，塑造了他的性格：

在我的意识中，家庭生活就应该是美满和谐的。童年的意识在潜移默化中已经根深蒂固。不是这样就不能称其为家庭生活。对待家人温情脉脉、彬彬有礼；对待外人慷慨无私，诚实坦率。做人要有涵养，胸怀坦荡，学识渊博。不能有一丝一毫的虚假和欺骗。

我们从日记中看到，在孩子的意识中打下深深烙印的不仅有正面的家庭道德规范，还有各种禁令和不可逾越的底线。年幼的巴维尔也有不听话的时候，他如何对待惩罚，我们不妨来看一看：

　　自幼我就承认存在我必须遵守的法则，所以我有自知之明，只要我顽皮淘气，我知道惩罚会随之而来——不是因为大人要这样做，而是理当如此。

　　有一次，我搞了一个小小的恶作剧，结果被罚站墙角。过了一段时间，我忘乎所以，旧错重犯。我记着家规，准备接受惩罚，于是主动走到莫名其妙的大人面前问："站哪个？"——也就是该站哪个墙角。后来，他们明白了我的意思，堂兄达吉克经常开我的玩笑，学我说："站哪个？"但我并不生气，我觉得提这样的问题是完全必要的，并不觉得有什么可嘲笑的。

　　上面第二段有两点令人印象深刻。

　　第一，孩子意识到存在他必须遵守的"法则"。违规、超越底线必然要受到惩罚，他不认为这是父母的意志，而是"理所当然"。无论从人生观还是从心理学的角度来说，这都是孩子真正接受了道德规范的标志。**这已经是一种人格，一种信念**：不做不是因为不允许或受惩罚，而是因为"理所当然"地不应该这样做。

　　第二，巴维尔·弗洛连斯基的父母让孩子自幼就树立了这样的人格，而一般人的人格框架的形成要晚得多。

**　　这不仅要归功于教育方法，更要归功于父母的言传身教以及家庭氛围对孩子成长的潜移默化。**

第四章　成功的教育经验

良师把学生引向科学

每个少年都希望有一个导师——一个理解他、能够帮他厘清复杂生活问题的人，一个睿智的成年人。

这个导师可以是学校的老师，也可以是其他真正关心孩子、不仅局限于狭隘的教育任务的成年人。

我们在学校经常遇到这样的情况：如果喜欢一个老师，就会喜欢他教的科目，而且全班大部分学生都是如此。为什么？

经验告诉我们，这是因为该老师善于在班里创造积极的情绪氛围，为所学的科目"增色"，从而吸引学生。有种说法：有才能的老师会把学生引向科学，这种说法是很准确的。这个内涵丰富的"引"字该如何理解呢？多半是指老师让大家产生共鸣的能力。这种共鸣是对思想之美、惊诧之美、发现之愉的共同感受，是对自身取得的成功与成就的共同感受。显然，**这样的老师都是在努力满足学生的基本需求。**

我想起了自己的大学时光。我们的人类学教授雅科夫·雅科夫列维奇·罗金斯基是一位杰出的学者和教师。他热爱自己的学科，而我们则爱戴他，喜欢他的课。不管什么内容——人种、颅骨的构造或是史前人类，经雅科夫·雅科夫列维奇一讲，都成了一段段神奇的童话。他目光炯炯，声音柔和，充满热情，极具感染力。当他为某些问题或考古学的某个发现激动不已时，他的感受会传染我们。我们很喜欢这门课，差不多全班同学的考试成绩都是"优"。几十年过去了，现在我们聚会时，还是会怀念这位敬爱的老师，以及他绘声绘色讲述的"人类了不起的祖先"——直立猿人和尼安德特人。

我想讲的另一个例子是关于训练孩子的。若干年前音乐教师米哈伊尔·彼得洛维奇·克拉维茨曾在莫斯科生活和工作。他喜欢选择那些"不擅长音乐"的学生，他把其中许多人培养到中央音乐学院附属音乐学校的水平（我们知道，这是最高的水平）。他说，吸引他的是"打造天才的过程"。的确，对他来说，没有才能的孩子是不存在的。

我有幸目睹了克拉维茨给刚开始学音乐的孩子上课的情形。

他的课堂气氛总是非常热烈。孩子和老师的交流非常活跃、不拘一格。他们一起唱歌，根据音符挑选图片。孩子打着手鼓，在老师的伴奏下有节奏地跳舞。他们在音符上编童话，音符里住着黑熊和小鸟，在"电线"（标音符的线）上落着麻雀。与此同时，他们还做跟音乐有关的猜谜游戏。课堂上充满了欢声笑语。

通常情况下，"卫星"模型音乐盒会出人意料地以一曲大家熟悉的《祖国会听到……》宣布下课。孩子在模型下面找到"卫星"专门送给他的卡片，上面有一个大大的红色的"五分"。自然，孩子会迫不及待地盼望下一次课的到来。

可以说，在这样老师的课上我们可以看到，维果茨基的"最近发展区"规律也适用于孩子和成年人的情感生活。

> 孩子最初和老师（或家长）一起感受某种东西的趣味性、重要性及其价值，体会亲自参与其中的感觉，以后往往会成为他自己的兴趣所在。

让我们再进一步问问自己：什么样的成年人会成为这样的导师呢？

答案可能有些出人意料，又非常简单。是那些在经历因循守旧的正统教育、生硬刻板的管教方法和种种生活磨难后依然能保有一颗童心的人。

我不禁想起我国杰出的数学家安德烈·柯尔莫果洛夫的"天才论"。他认为，有创造力的天才在内心仍是个孩子，这个孩子越稚气，这位天才的才华就越出众。柯尔莫果洛夫把自己的心理年龄确定为13岁，那个年龄的男孩子对世界上的一切都感兴趣，但是对成人的喜好却漠不关心。

不用说，很多人都把柯尔莫果洛夫视为带领他们走上科学之路的伟大导师。

成功秘笈

我们来总结一下上述家长、老师、教育者的成功经验。我们把他们的成功秘笈归纳为以下几点。

1. **关注孩子的天性**：他们都有意识地或本能地去**理解孩子**，

细心对待他的需求，给他成长和发展的自由。

首先应该提到的是蒙台梭利的倡议："不要插手！""给孩子自由"，"虔诚地观察他的独立发展"，"保护他的自发性"，"不要强制他完成你交给的任务"！她的倡议得到卡尔·罗杰斯和亚历山大·尼尔等人的声援或行动上的支持。理查德·费曼的父亲尽管没有想到什么理论，但他鼓励儿子自己去寻找问题的答案。兹翁金也一样，他"迁就"孩子的错误，允许他们自己想办法，在他们自己力所能及的时间内找到正确答案。许多家长和老师在这方面都作出了可贵的探索，我举的只是个别例子。

2. **创造"良好的家庭环境"**。大人的这一贡献对于孩子的发展意义重大。从广义来说，这是**使孩子受到人类文化熏陶的问题**。

比较具体地说，这包括他生活环境的许多方面，从益智玩具、益智游戏到家庭的整体氛围。孩子们做些什么？玩些什么？家里有没有书？听不听音乐？听什么音乐？全家人的兴趣是否仅仅局限于看电视？一家人在饭桌上讨论什么？大人之间是否谈论大自然和艺术作品的美？他们是否教孩子明辨善恶，懂得高尚、正义、诚实和尊严？

从上述的事例中可以看到很多这方面的东西，其中包括蒙台梭利发明设计的那些教材、游戏和教具，这些东西经受住了一个多世纪的考验，至今仍在为世界各地的幼儿园所广泛采用；还包括兹翁金给孩子上课时所用的习题和谜题；以及费曼父亲的那些"引人入胜"的谈话题目。

3. **建立彼此之间的特殊关系**。那些优秀的父母或老师善于营造一种与孩子交流的独特气氛。**这种气氛充满善意、信任、支持以及共同的情趣爱好。**

第四章 成功的教育经验

当一个明智的教育者对孩子放手，给他自由时，他的不插手代表的是尊重、支持，告诉他："你自己能行"。在其他场合，他会引导孩子和他一起讨论问题或做事情。维果茨基的"最近发展区"规律①告诉我们，共同做事对于孩子智力发展非常重要。如果在共同做事的时候大人能够真心投入，表现出真正的兴趣和热忱，那么这种交往非常有助于孩子个性的发展。在与父母或老师产生共鸣的那些时刻，他往往会突然开窍，进而不断地得到提高。我们回忆一下邓肯和茨维塔耶娃的母亲用以"浇灌"孩子的音乐清流，小查理的母亲用以照亮孩子心灵的"仁慈之光"，以及印在弗洛连斯基心中的那种特别"正直、无私、诚实"的精神。我们会发现：

对于这样的父母来说，孩子已经不是"教育对象"，而是成人感情生活和精神生活的参与者。

而成人则是激励他进步的榜样！

———

我们来做一下总结，一个能够促进孩子成长、发展他的个性、丰富他的文化涵养的成年人都做些什么呢？

以下所列远非全部。他：

- 克制自己不去干预孩子所做的事；
- 引导他做事；
- 出题目，启发思考；
- 吸引他，使他入迷；

---

① 关于这一规律见《不抓狂，育出好孩子》（第3课）。

- 支持他；
- 相信他本性善良；
- 以热情感染他，鼓励他；
- 做榜样。

成年人的努力会换来孩子自己的积极性并形成互动，这种积极性可以用下列短语表述：

- "我想自己做"；
- "我想学会这个"；
- "我感兴趣"；
- "这让人难以置信"；
- "我做成了这个，真好"；
- "我是好孩子"；
- "大家爱我，这对我来说很重要"；
- "我想成为他们那样的人"。

为了表现得更清楚，我们把上面所述内容用下面一个图来表示（见73页）。

——

最后，我希望上面所讲的秘笈、办法和思想可以帮助家长们解决很多在教育孩子和帮助孩子时遇到的难题。

第四章 成功的教育经验

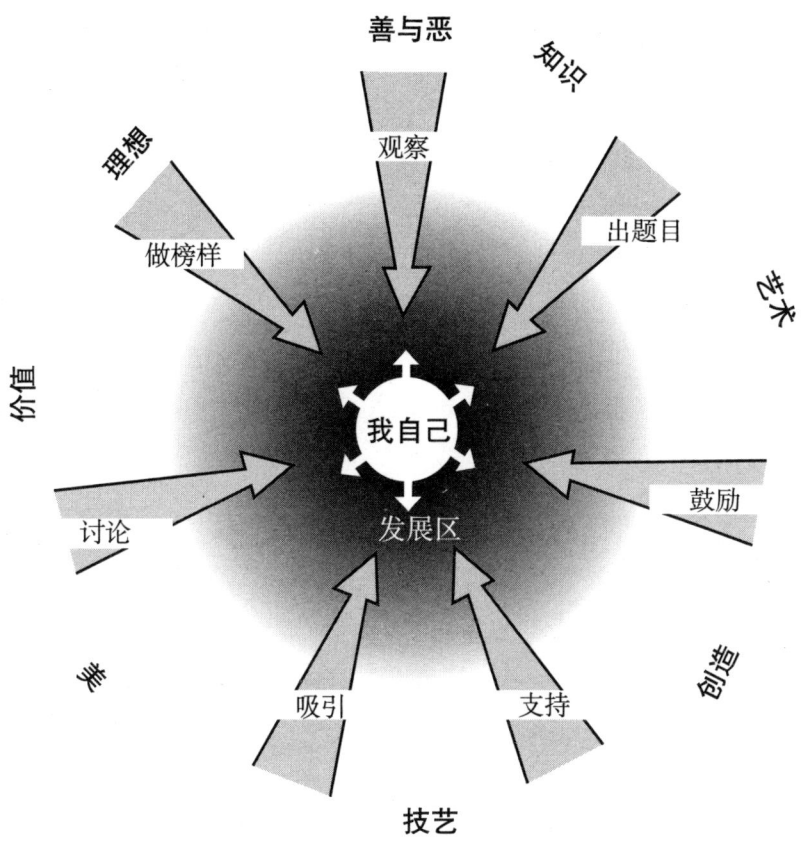

孩子与成人在孩子发展区域的"相遇"

从中心"我自己"向外的箭头代表孩子朝向成人和整个世界的内在积极性。从外向内朝向发展区域的箭头表示成年人对孩子成长的参与（或"贡献"）。最外圈所标的是人类文化的范畴。

第二部分

和孩子一起生活的点点滴滴

第一章
尽早养成好习惯

每个家庭中都有一些成文或不成文的规矩，这关系到家庭的秩序、行为规范等等。养成孩子守规矩的习惯是教育的一个重要组成部分。

"养成"这个词的意思与"教"是有区别的。当我们说"教会"的时候，指的是把知识传授给孩子：我们讲解、演示、解释，同时他自己学习。而"养成"这个词的意思是我们想使他形成某种恒常的行为方式，例如，饭前洗手、收拾玩具、按时完成作业、整理东西等等。

如果孩子没有养成守规矩的习惯，他就会被一时的愿望、失控的情绪、偶然的影响所左右，产生散漫、没规矩、没教养的表现。他往往无所适从，不知道该怎么做，不知如何安排自己的事情和时间。**规则不仅可以给孩子秩序感，而且会给他生活的信心。**

如何养成好习惯

养成遵守秩序和规则的习惯是一项长期的工程，必须要落实到每日每时！这项工作很难做，家长经常会火冒三丈，和孩子发生冲突。因为吃饭、做功课、帮助做家务、上床睡觉等问题和不

好妈妈，释放孩子的天性

同年龄段的孩子"对决"的场面大家都很熟悉。

一个11岁女孩的母亲是这么说的：

我们和她的关系似乎还不错，但有一个障碍：她的房间里总是很乱。她不是不会整理。朋友们要来时，她能把房间收拾得整整齐齐。但平时她的房间简直无从落脚：东西扔得到处都是，随处乱堆！每次靠近她的房门，我都不寒而栗。而她还粗鲁地反驳："别说了，真烦人，我自己知道！"如果没有这个问题，我们可以相处得很和睦。总的来说，她是个不错的女孩子，学习挺好。但对于这个教育败笔，我无法接受！这个问题简直让我一筹莫展！

这位母亲说得对，这确实是"教育败笔"，确实"令人一筹莫展"，而且不只她，女儿也同样！以前疏忽了，而现在整理房间成了双方沟通的障碍。

很遗憾，这种过失很可能导致并正在导致一些严重的家庭冲突，以下就是一例。

我的一个熟人有两个十几岁的孩子，他们的继父从前是一位海军军官。由于过去职业的影响以及天性使然，他习惯于按部就班，井井有条。而两个孩子正好相反，习惯于随心所欲。他们的母亲白天工作，晚上学习，负担很重，对于他们养成好习惯没有加以应有的重视。没有收拾的东西，留在桌子上的脏盘子，前厅里随便乱丢的鞋子，这还只是这个家庭的新成员——继父——所遇到的一些"小小"的不适。一些更大的不快在慢慢积累，因为他们总是睡过头、忘事情、丢东西……例如，女孩子把钥匙丢了，从窗户爬进来，结果某一天小偷顺着"开辟好的道路"爬进来，把一些值钱的东西偷走了。学校老师反映儿子学习不好，因为玩耽误了上课……诸如此类。继父试图帮助母亲约束孩子——跟他们商讨、约定，甚至写了书面协议。但孩子们散漫惯了，不愿意改，而这位继父当然也不擅长教育孩子。他们的关系恶化了，彼此的敌意暗暗积累，母亲受到左右夹击。结果所有人都成了输家，建立新家庭的计划"被生活琐事击碎"了，很可悲！

那么，如何让孩子养成遵守规则的习惯呢？万能药方当然没有，因为孩子不听话或不守规则的原因可能千差万别。最好还是记住几条**一般的方法和普遍规律**。这样的方法和规律很多，而且根据年龄的不同也有差别。我们在此讨论几条最重要的。

尽早开始

在此一定要说说我的一个观感。

这件事发生在美国的一个郊区电气火车站上。长椅上坐着一位年轻的黑人妈妈，她把小宝宝放在腿上抱着。这个妈妈看起来年龄不超过16岁，而孩子不到1岁。母子俩用微笑、手势和简短的话来交流。孩子玩得忘乎所以，突然在妈妈的脸上打了一巴掌。"不许！"母亲伸出食指，严厉地说。但孩子很快又打了一巴掌。"不许！"母亲再次严厉地说。当孩子第三次想去打妈妈的脸时，她把他从腿上放下，让他站在自己旁边（他已经会站了），不再理他。小宝宝呜咽起来。过了一会儿，母亲再次把他抱起来放在腿上。

好妈妈，释放孩子的天性

当孩子似乎又想做同样的动作时，她只是竖起手指，做出严肃的表情——孩子就不敢了。母子之间的交流重新平和地进行下去。

这一幕给我留下了很深的印象，大概是因为这位妈妈这么年轻，而她的行为又是这么明智，所以显得很不寻常。这位年轻的母亲本能地采取了绝好的做法。她明确又温和地禁止孩子做出这种对自己不友好的行为。相比之下，我国时有发生的少年对母亲的攻击行为又是怎样的教育败笔啊！

问题当然不在于两国之间在地理和文化上的差异。我国也有成千上万的父母在日常生活中默默地培养孩子的好习惯。我想把这些案例加以收集整理，它们比任何高谈阔论都更能说明问题。以下就是一个例子。

全家围坐在桌旁喝茶聊天。奶奶烤好了饼干，饼干放在一个大盘子里，上面撒着糖，看起来很诱人。当大家沏茶的时候，1岁半的小女孩已经趁乱拿过一块饼干，津津有味地吃起来。对她的机灵，大家都报以微笑。孩子的母亲倒完茶，把她抱到自己的腿上。小女孩吃完第一块饼干以后，又要第二块，妈妈让她拿了。第二块饼干还没吃完，小女孩又去拿第三块。"不行，"母亲说，"你没吃完这个，我不让你拿。"同时用手指着没吃完的半块饼干。但是小女孩继续去够放饼干的盘子。"不行，不行，"母亲温和但坚决地重复道。"不可以，不，不行"……这种情况又重复了几次：小女孩很活泼，很固执；母亲很温和，但态度坚决。在这种情况下，孩子很可能会哭闹，但没有，因为母亲站起身把孩子抱到别的房间去了。过了一小会儿她又心平气和地抱着孩子回来，大家继续静静地喝茶，而这时盘子已经拿到桌子的另一头去了。

这件事可能显得很平常，但正因如此，它才特别有教益。孩子会在这种日常"课程"中懂得父母的"**不可以**"是不能讨价还价的。

> 这样，孩子自幼就一点一点学会听话，逐渐掌握行为规范。

营造环境和培养生活习惯

孩子的组织性取决于其周围是否秩序井然。各种物品、餐具、玩具必须各就各位，用完要放回原位。孩子应该和其他家庭成员一样睡在自己的床上，尽量在吃饭时坐在自己的位子上，用自己的盘子吃东西。上床睡觉、散步、接待客人时，家里最好举行固定的"仪式"。

要让孩子对很多事情养成习惯，在此不一一列举。

重要的是，您希望他做到的事情，您需要定期、认真、坚决地进行检查。

因为经常破坏或偏离规则也会成为习惯，有成为"常规"的危险。

吃东西立规矩很重要：孩子吃什么，怎么吃，什么时候吃，吃饭时他应该如何表现。通常吃饭不仅是对孩子的考验，也是对家长的考验。可惜，家长并非总是能经受住这个考验。

一个两岁的女孩子家里遇到了难题：小女孩"什么都不吃"（做父母的常说这句话，但这令人费解——孩子不吃东西怎么能活下来，而且还长得挺好？）。给这个小孩喂饭要躲开大家，因为需要特别的条件。为了她能张开嘴吃粥，妈妈要唱歌，保姆要跳舞（或者相反）。这些歌舞每天重复几次，把全家人搞得筋疲力尽。

还有一个例子。

一个 5 岁男孩的妈妈为孩子生活懒散发愁。不错，家里有一个可以"修理侄子"的叔叔。例如，要是孩子离开餐桌后又回来拿东西吃，叔叔就不允许。妈妈对叔叔的做法很赞同，认为他做得对。但当问她"如果您自己这么做呢？"她回答说："不行，瞧您说的，我是妈妈呀！他从幼儿园回来，可能饿了，应该让他想吃多少就吃多少。"

我们不妨打个比方，天平的一端是对"肚子"的关心，另一端是对"行为规范"的关心，很遗憾，第一个称盘往往要重于另一个称盘，父母当然是"出于好意"。下面这项重要的实验可能会对这些总是担心饿着孩子的妈妈们有些益处（参看 Box–2）。

帮助孩子管理自己

让我们回到局面还没有发展到失控的时候。我们会发现，仅仅注意执行规则是不够的。家长就所有的事情与孩子进行沟通非常重要，这样的帮助会更加有效。

不久前我观察了一个母亲带着两岁女儿玩耍的情形。小女孩在玩沙子，该吃饭了。

"来，宝贝儿，"妈妈对她说，"我们慢慢收拾吧。把手拍一拍，把玩具收起来放进兜里……娃娃和小铲子也别忘了。"（她说这些话、做这些事的时候不慌不忙，让小女孩能一起做。）

"现在我们回家……哎呀，你帮助我真好！……我们回到家，脱外衣，洗手，然后喝很好喝的汤……"

Box-2

孩子们自己知道选择什么

有些父母想尽一切办法让孩子多吃，却"忽略"了孩子对食物的本能需要。爱操心的妈妈们总是不等孩子肚子饿就给他吃东西，这样他当然不好好吃。更糟糕的是，他开始讨厌食物。当本能的愿望遭遇强迫的时候，一切都被破坏了：愿望和行为本身，大人和孩子的关系。孩子开始抗拒或暗中抵抗，他会任性，把食物含在嘴里不咽，有时会发展到呕吐！

在20世纪20年代，曾有人做过一个实验，其结果很有意思也很有教益。这个实验是在欧洲某国的一家孤儿院中进行的。

实验者在桌子上摆好所有儿童食谱中包括的食物：蔬菜、水果、奶渣、牛奶、肉、饼干、糖等等，让孩子们坐在桌旁，他们可以随便选择自己想吃的东西。观察者记录每个孩子选了什么，吃了多少。一周后计算每个自主选择食物的孩子得到的蛋白、脂肪、碳水化合物、维生素的总量。结果，他得到的营养完全均衡，上述指标均合乎标准！

这位母亲的所作所为有什么特别之处呢？很多！第一，她的语气非常亲切（宝贝儿，你帮助我真好！），用愉快的语调与孩子交流。第二，她始终在配合孩子的节奏：停止玩耍，开始收拾东

西——这对于孩子来说从来不是一件容易的事（她说慢慢收拾，而且她自己也做得不慌不忙）。第三，对孩子要做的事"用言语表述出来"并做适当安排，帮助他，同时保持他的主动性——建议孩子拍拍手，收起玩具，别忘记其他东西。第四，她对下一步做好计划，并且做得很诱人（很好喝的汤）。

这样做的结果是孩子很自然地听话，同时也培养了孩子遵守秩序和规矩的习惯。

很多父母也会本能地这样做。当他们和小宝宝一起做事的时候，喜欢边说边做，和大一些的孩子一起讨论学习和其他事情。

从学龄前开始应该培养孩子做一些比较复杂的事。例如，让他们说到做到，履行诺言，这很重要。孩子央求养小狗、买仓鼠或小鱼的时候，他们会信誓旦旦地保证，会照顾自己的宠物，所有事都自己做。但很快就把承诺抛在了脑后，什么都得由大人来操心。

> 在不发生冲突的前提下养成孩子履行诺言的习惯，这是一项重要任务，但和养成其他习惯一样，父母要有耐心，态度温和，有时还需要有创造力。

美国心理学家米尔顿·埃里克森在回忆录中讲了一件趣事。他有八个孩子，对待孩子的问题，他的解决方式都很巧妙，别出心裁。对此，每个孩子都有切身体会。下面就是他讲的故事：

好妈妈,释放孩子的天性

孩子的记性很差,但我却清楚地记得他们做过什么或说过什么。

有一次罗伯特说:"我已经是大孩子了,很有劲,可以每天晚上倒垃圾。"我表示怀疑,但他强烈地捍卫自己的观点。于是我说:"好吧,从下星期一开始我们试试。"

星期一和星期二他都倒了垃圾,但星期三忘了做这件事。星期四我提醒了他,他又倒了垃圾,但星期五和星期六又忘了。所以星期六我让他尽量长时间地玩他很感兴趣但很消耗体力的游戏。然后我又破例允许他想多晚睡就多晚睡。半夜1点的时候他说:"好,我去睡觉了。"

我让他去睡了。半夜3点的时候,我"莫名其妙地意外"醒来,把罗伯特叫醒。我对他说非常抱歉,我忘提醒他倒垃圾了。他能不能现在做这件事?于是罗伯特极不情愿地开始穿衣服。我再次为没有提醒他道歉,他把垃圾提了出去。然后他回来,脱了衣服,穿上睡衣,扑到床上。当他睡熟以后,我再次把他叫醒。这一次我更是充满歉意地说,我自己  也不明白,怎么会没看到厨房的垃圾。问他能不能再穿上衣服把厨房的垃圾倒出去?他把垃圾提到了路边的垃圾箱边,沉思着往回走。已经走到台阶旁了,他忽然转过身,朝着路旁的垃圾箱跑去,看看垃圾箱的盖子是否盖好了。

回到家，他停下来，在重新上床之前把厨房环视了一番。而我还是一再道歉。他上床睡觉去了，从此再也没有忘记过倒垃圾。

罗伯特牢牢地记住了这个教训，以至于现在，当我告诉他要把这件事写进书中的时候，已经成人的他还是不由自主地长叹一声。

在这件事中，父亲的做法确实有些不同寻常。但他所做的一切都是经过深思熟虑且认定其结果是有效的。首先，他在深夜，等儿子睡熟了，把他叫醒（而且是两次！）。为什么？——是为了让他更深刻地感受到信守承诺的重要性，比夜间的睡眠更重要。其次，他的"说教方式"别出心裁：不断地表示遗憾和抱歉。为什么呢？——通过同情和承担部分责任确定友好的气氛，以预防儿子可能出现的不良反应。他算得很准：孩子不仅心甘情愿地做了所有的事，而且再也没有忘记自己的承诺。

利用"外部手段"

"外部手段"有助于学龄前儿童和低年级孩子安排自己的事情。外部手段包括图片、清单、条款、日程表之类的东西，可以提醒孩子在什么时候做什么以及做事的顺序。"外部手段"可以代替大人的"指挥命令"，帮助孩子独立胜任很多事情。我想特别强调这种方法的一个"妙处"。

使用外部方法可以达到"一石二鸟"的效果：1. 可以卸掉家长的负担；2. 把责任交给孩子。

好妈妈，释放孩子的天性

很遗憾，家长们往往不愿利用这些"外部手段"。下面是一个例子。

一位母亲每天早晨叫她上大学二年级的儿子起床，而儿子则拼命反抗，无论她怎么努力都不管用。

别人问她：

——怎么，您家里没有闹钟吗？

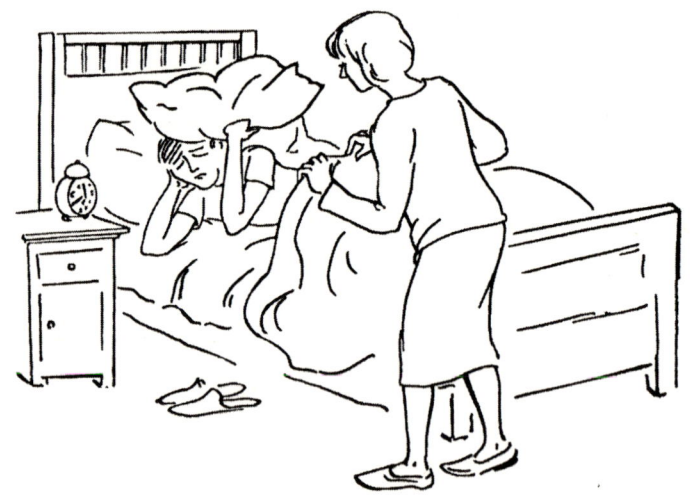

母亲回答：

——当然有，他每天都上闹铃。可是闹铃响的时候，他会按下去接着睡！

——那您怎么办呢？

——我就去叫他。有时候要叫好几次。他说："我马上就起，别缠着我！"可是他又睡着了，直到他跟我发起脾气来，他才能真的睡醒起床。

——您如果不叫他会怎么样呢？

——那他会睡过头，把课误掉的！

接下来我们可以问一问，这是谁该操心的事。答案显而易见：**母亲继续把这件操心事留给自己，同时妨碍儿子为自己的学业负责，妨碍他学会使用完全适合的"辅助手段"。**

不要害怕"生活的教训"

众所周知，散漫和不听话的自然后果是来自生活本身的惩罚。

> 当孩子缺乏"自觉性"的时候，应当让他有机会品尝他的行为导致的消极后果。

那时他怨不得别人，只能怨自己，于是他便会得到一次宝贵的经验。刚才我们讲到闹钟响了起不起床的问题。现在我们来看一看另外一个例子，这位母亲的表现就比较理智。

一个9岁的小学生晚上没有收拾好书包，早上慌忙中找不到作业本了。结果上学迟到了，得了2分。他心情沮丧地回到家，把事情的经过告诉了母亲。

母亲： 真糟糕。你觉得早上收拾书包来得及。

儿子： 就是啊。你想，不过是放两本书！（找作业本。）它跑到哪儿去了？！最主要的是，我做作业了，可她给我打了2分！

母亲： 你觉得不公平。

儿子： 当然！要是因为不会还说得过去，可是老师说是因为"不专心"。按纪律为此应该打2分……（在桌子后面发现了本子。）找到了！你看，我全做对了！现在我开始做今天的功课，做完后我一定要马上把所有东西放到书包里，让她看看……

母亲：就是说，你想把所有东西都提前放好。

儿子：对。我可不想第二次倒霉！

我们看到，母亲的做法很明智。首先，她让儿子品尝到可能出现的不良后果——没有提醒他收拾书包。其次，当发生了不愉快的事情时，她对他的感受表示同情。她的积极倾听使得气氛一直很友好，并帮助孩子从中汲取了教益。

相对于家长而言，有时生活是更好的老师。当孩子因为不正确的行为受到"生活本身"的惩罚时，父母没必要再追加惩罚。

我们讨论了一些基本的方法和规律，它们可以帮助家长和孩子养成好习惯。

要尽早开始养成孩子的好习惯，要有系统性。重要的是要记住机体的自然规律：任何行为如果开始早并多次重复，就会成为习惯。

当孩子开始完成对他来说困难的任务时，应该给他帮助（提醒、预防、一起做），然后渐渐放手，让他独立去做。在"过渡阶段"应该记得使用"外部手段"。

保持沟通的友好气氛非常重要，特别是当养成好习惯的过程遇到困难时。

最好记住一条原则："在错误中学习。"不要在孩子可能摔倒的所有地方"铺稻草"。让他有机会品尝自己行为酿成的苦果非常重要。

第二章
惩罚孩子的原因和方法

是否可以惩罚孩子,如果可以,那么如何惩罚?我要说的是,首先,惩罚孩子从来不是一件愉快的事,会引火烧身——将他的不满、怨气甚至愤怒的"火焰"引向自己。和睦的关系会受到破坏。他"再也不爱你了",在他的眼里"你是坏人","欺负人","想让他难过"。

两种截然不同的立场

有些家长不堪与孩子"为敌",所以不想给孩子造成任何不快。他们更愿意采用劝解的方法,顶多是威胁一下,通常也不会兑现。简而言之,他们想在教育孩子的过程中"不叫他受委屈"。这是**温和派家长**的方针路线。这种做法可以理解,但很遗憾,在很多情况下并不可取:孩子早晚会变得不服管教,而父母则对他束手无策。

与此相反的是**强硬派家长**的**专制立场**。他们认为,不能对孩子太客气,应该惩罚他,有时候还要狠狠地惩罚他——"给他点颜色看看!"这种家长要求孩子服从,为此不惜诉诸强力和权威。这经常会让孩子怀恨在心,变本加厉,更不听话。

有时在一个家庭里,父母双方一个唱红脸,一个唱白脸。

好妈妈，释放孩子的天性

我见过一个这样的家庭。父亲温和体贴；而母亲则行为果断、雷厉风行；他们的女儿4岁，很任性，不听话，请求也好，命令也罢，一概置之不理。任何一件稀松平常的小事，如上床睡觉，准备吃饭，穿衣服出去玩儿，都要闹一场。她会在商店或大街上大哭大闹，在家里发脾气时往地上一躺就撒起泼来。她会把食物从桌子上打掉（有时连盘子一起！），破坏玩具和物品。爸爸什么事情都想跟她讲道理，积极倾听，用第一人称表述的方式（他读过这方面的书）。而妈妈则采取坚决的行动：把小女孩关在厕所里（因为她不肯站墙角），而小女孩则声嘶力竭地喊叫，踢门……

其实早在两年前就出现了一些令人不安的苗头了：不管爸爸在做什么（吃饭，和别人说话），女儿都要他抱，要求陪她玩儿，否则就开始尖叫（爸爸每次都迁就她）。吃饭的时候她用手去抓爸爸盘子里的东西（之所以允许她这么做，是因为只有这样她才能吃点东西）。在街上她不是朝该走的地方走，而是想往哪儿走就往哪儿走。睡觉前要闹30~40分钟，因为她不想躺在床上，其间妈妈不让爸爸进来（如果妈妈不在，爸爸会把她抱到沙发上）。

看起来，随着时间的推移问题越来越严重。除了父母双方各自的错误做法，这个家庭还违背了一条重要的原则：大人对孩子的要求必须一致。而对于惩罚孩子的问题，父母双方恰恰没有达成共识。

现在让我们回到问题上来：是否可以惩罚孩子，如何惩罚？

惩罚是为了培养孩子的自觉性

首先，很重要的一点是要探讨一下，父母认为惩罚的意义及其运行"机制"是什么。

我们先说错误的看法。有一种很普遍的看法，认为惩罚是为了引起负面感受（痛苦、委屈、恐惧），这样孩子就会长记性，以后就不会再这么做了。如果还这样做的话，惩罚就应该加重。

这种观点深深地植根于人们的意识和教育实践中。令人遗憾的是，有时人们还会引用条件反射理论来对它进行"科学"论证——为了让孩子长记性就必须加强"刺激"（包括负面刺激）。

> 但是人的行为并非反射的组合，而教育也不是反射训练。

惩罚一个人能否使他改正其行为？当然不能！只要从一个较

宽泛的角度来看这个问题，留意一下劳改或服刑对人的影响就足以说明一切。

有时，由于害怕惩罚，他的确会停止做禁止他做的事情。但更多的时候他会偷着做或是伪装——假装听话，也就是开始欺骗。有时，他会在一个家长面前"表现好"，而在另一个家长面前肆无忌惮。下面这个家庭的情况就是典型的例子。

9岁的大儿子总是招惹欺负6岁的妹妹。这是当着妈妈的面。爸爸一回家，情况立刻大变：儿子变得"像绸子一样"柔顺。而且，父亲还不无骄傲地说，他一出现，儿子就会"哆嗦"。父亲差不多每星期用皮带抽儿子一顿。他相信这是正确的方法，正因为如此儿子才会怕他，"没有恐惧就没有规矩"。

孩子们大部分时间和妈妈在一起。在妈妈面前，儿子不仅继续欺负妹妹，而且还会做很多其他不允许做的事——说粗话、捣乱、不做作业。更糟的是，最近一年来在学校出现了严重的问

题：这孩子变得攻击性很强。老师和其他孩子的家长提出把他从班里"清除"出去的要求。于是父母断然采取措施：把孩子送进寄宿学校。

每个星期一他都会又是叫喊又是哀求，抓住门把手不放，请求不要把他送进寄宿学校。但是父母对"反射训练"坚信不疑，于是这样的"教育"持续了整整一年！

现在我们来看一看对于惩罚的另外一种比较正确的看法，那就是：

> 惩罚首先是发出信号，表明规则、规定或制度遭到破坏。惩罚的意义在于使大人的话更有分量，强调其严肃性。

因为孩子很容易把父母的话当做耳旁风，特别是对他们不喜欢的东西。虽然惩罚会使孩子难受，但惩罚的目的不是让孩子受辱、难过或害怕，而是让他有机会反省不当的行为，明白自己究竟破坏了什么，为什么这样做不好。

这种惩罚是为了培养孩子的自觉性和人格，不是为了改正他的行为。需要再次强调，采用这种方法时——

家长的角色是引导者和生活规则或道德价值的保卫者，而不是将自己的意志强加于人的人。

这种态度应该有相应的表述方式："在我们家这是不可以的……""我们的规则是……""应该这样……"您看到了，在这些句子中没有代表家长的"我"（"我说了……""我要求……"）。

这些句子是无人称句，可以使孩子觉得这不是大人的指令，而是本应该如此（请回忆一下本书第一部分中弗洛连斯基所讲的他的家庭环境）。

动手前克制一下自己的情绪

家长们经常说："家庭教育书上写了很多正确教育孩子的道理。听起来都很好，但对我没有用。没法实际运用。如果他不听我的话，有时甚至故意气我，**我怎能不发作？**每次甚至还会踢他几脚！"

当然，家长要学会明智的行为方式并不容易，因为不仅要对付任性、不听话的孩子，**而且要克制自己的情绪**。而家长也是人，不是"铁人"或"铁娘子"！我们稍微谈一谈您的情绪，然后再看看该如何采取实际行动。

人人都有负面情绪，我们对此没有任何办法。况且人有权利闹情绪，因为总是会有闹情绪的理由，主客观理由都存在。至于接下来如何处理负面情绪，就是另一回事了。因为情绪通常会转化为行为，而在这个"转化"的时刻，我们可能有不同的选择。

我们可以给自己的愤怒"找个出口"，做出激烈的反应；可以不做任何表示，忍气吞声；可以考虑一下让你不爽的那个人的处境；可以尽量从旁观者的角度看待一切，并尝试对整个事情的意义作出评价。每个人都或多或少地体验过上述反应或感受。

切记，您可以选择——在情绪的"延续"点上做出选择。

而这个选择同样是取决于我们的愿望、我们的宗旨、我们对

自己做出的反应的近期和远期后果的认识等等。

简而言之,每次闹情绪都是一次机会,因为它能全面启动我们的心理功能:自觉意识、责任感、思考、经验。面对孩子的不听话,我们该如何作出反应?我们借助什么作出选择?

几种有效的惩罚方法

还是那句老话,我没有包治百病的药方。不过,很过家长用"正确的惩罚"解决了问题,他们的成功案例会对我们有所帮助。

朋友的两个女儿(分别是2岁和4岁)一起玩儿的时候争抢东西。大孩子粗鲁地推了妹妹,妹妹哭了起来。这些都发生在正准备去听音乐会的父母的面前。

父亲(坚决地对大女儿说):安妮亚,向萨沙道歉。

安妮亚(很生气):不!

父亲（在沙发上坐下）：到我这儿来（拉住安妮亚的手，看着她的眼睛，慢慢地重复道）。到萨沙那儿去，说："请原谅我。"

安妮亚（皱着眉头）：我不愿意！

父亲：那你到另一个房间去，呆在那儿，直到你平静下来，准备好道歉。

小女孩走开，在身后把门关上。我们开始紧张地等待。很快就该去听音乐会了，但父母不像准备离开的样子。

"你们怎么看，她会在那儿坐多久？"我问。

"谁都不知道，"父亲回答，"也许5分钟，也可能40分钟！"

幸好，很快门就开了。安妮亚从屋里走出来，走到妹妹面前，平静地说："萨沙，请原谅我。"

这似乎不起眼的一幕发生在30年前，而我记忆犹新。令人难忘的是，父亲温和而巧妙地教女儿学会懂礼貌，同时学会支配自己的行为。在此每个细节都很重要：对孩子的行为做出快速但平静的反应；讲清楚要做什么（而不是喊："你为什么……?!""你又……"）；集中孩子的注意力（拉住她的手，看着她的眼睛）；最后说出惩罚——父亲的话表达出相信小女孩可以反省并控制自己。

现在我们看看另外几个父母是如何"惩罚"孩子的。我给"惩罚"打上引号，因为一定会有人问：这算真正的惩罚吗？

这一次问题出在一个少年身上。

15岁的莲娜要去海边的夏令营，父母让她带上钱。根据去年的经验，夏令营会组织一些游览，包括一些自费的娱乐项目。去年莲娜向另一个女孩子借钱去参加一个游艺活动，父母不得不给她加急汇款。今年父母下了很大决心多给她拿了一些钱，嘱咐女儿要省着花。

第二章　惩罚孩子的原因和方法

两个星期以后莲娜来电话了，说钱不够了——没钱打电话，没钱参加游览——再寄一些来！父母拒绝了，对她说，她已经不止一次伸手要钱和乱花钱了。女儿坚持、抱怨、要求，但父母还是拒绝了。莲娜不高兴，而父母也感到难过，因为自己的孩子缺乏责任感，对于他们辛辛苦苦挣来的钱不加珍惜。

女孩从夏令营回来后还在怄气，父母极力克制住情绪，但对女儿很冷淡。最后大家都觉得，这样的"冷战"不能再持续下去了，于是进行了一场谈话。

莲娜：你们对我的态度怎么变得这么坏？

母亲：也许你对此有什么想法？很想听听你的看法。

莲娜：如果是因为夏令营的事，那我要说，大家都有钱，都花钱了！

母亲：大家都花了。你也想和大家一样。不过我们跟你说了，给你的钱不少，让你计算着花。至于别的孩子，我们不知道他们和他们的父母是怎么得到这些钱的。我主要想说的是——我自己感到很不高兴。我跟你讲过，我们的钱很紧，请你省着花。我现在甚至想，如果你不去参加某个娱乐活动，省下一点钱带回来多好。

莲娜：可是过去你们总是给我钱。我应该有零花钱。

父亲：是，过去是给你钱。你知道，孩子小的时候，大人总是愿意宠着他。给他买好吃的，买新玩具，大人会觉得很愉快。但孩子会长大，这时大人就会考虑自己对孩子的态度会对他产生什么影响，对你给他的东西会有什么反应。结果发现，他习惯了只是"索取"，他只想着自己的愿望，不太考虑别人，不考虑别人对他的行为会有什么感受。于是大人就不再愿意宠爱他了。而且，大人慢慢明白了，他对孩子的态度实际上是害了他！我不愿意这样。我决不能对你无动于衷，我很关心你。

所以我不想再娇宠你了。我和妈妈决定不再给你多余的零花钱。我们觉得需要这样做，好让你学会珍惜钱和不乱花钱。但很遗憾，目前还没有达到这个效果。我想再说一次，我们担心你，所以不给你我们认为对你有坏处的东西。

母亲：爸爸和我说了很多。也许你想说什么？我们回答了你的问题了吗？

莲娜（这段时间她已经哭过了，又把眼泪擦干了）：是的，我明白了。你们不喜欢我自私的行为。我想想。

这次谈话以后三个人都觉得心里轻松多了，他们知道，这场谈话是很需要的。晚上吃完饭后莲娜忽然想起："哎呀，妈妈，我没赶上帮你收拾桌子，请原谅！"

我们看到，莲娜和她父母面临的问题要比小孩子简单的闹脾气严重。她已经是个少年了，应该要求她爱惜父母挣的钱，把他们的请求放在心上，做任何事情都要负责任，况且父母已经尽其所能满足了她的愿望和要求。

这件事中的"惩罚"是什么呢？父母拒绝寄钱，重新处理零花钱的问题，在谈话前保持冷淡克制的态度。请注意，最后一点甚至比直接的惩罚更管用。您是否听人这样说："就是骂我一顿也比不理不睬强！"

父母在谈话中尽量解释自己的观点，表达自己的感受，同时也询问她的想法。说出自己的感受和倾听孩子的心声是很重要的，因为这是沟通的基本技能，我们会在本书的第三部分讨论这个问题。当你诚恳地说出自己的感受时，就已经表现出对孩子的信任，告诉他，你们的关系很亲近，他对于你很重要。而且父亲坦率地向女儿解释说，拒绝她是因为关心她。而倾听孩子的心声之所以很重要，是为了不要让谈话变成单方面的说教。希望莲娜和她的父母都能从这件事中得出正面的结论，并成为朋友。

我们再举一个例子，这件事讲的是一个小孩以及这个孩子10

年以后的情况。这也是米尔顿·埃里克森家里发生的一件事。当时他的女儿克里斯蒂两岁半。

有一天我们全家人坐在一起读报,克里斯蒂走到母亲面前夺下报纸,把它团成一团儿扔在了地上。母亲说:"克里斯蒂,这可不好,把报纸捡起来还给我,还要说对不起。"

"我不愿意。"克里斯蒂说。

我们每个人都对克里斯蒂说了同样的话,都得到了同样的回答。于是我让妻子把克里斯蒂抱起来,送到卧室。我躺在床上,妻子把她放到我身边。克里斯蒂蔑视地看着我。她要爬开,但我抓住了她的脚腕子。"放开我!"她说。

"我不愿意。"我说。

较力持续着,她使劲甩脚,挣扎。她的一个脚腕很快挣脱出来了,但我又抓住了另外一个脚腕。这是拼命的较力,好像两个巨人之间无声的角斗。最后她明白她输了,于是说:"我把报纸捡起来给妈妈。"

这时候最重要的时刻到了。我说:"不对。"于是她好好想了想,说:"我把报纸捡起来给妈妈。我跟妈妈说对不起。"

"不对。"我再次说。

她只好认真地想了想:"我把报纸捡起来给妈妈,我想捡起来,我想说对不起。"

"好。"我说。

这件事中有很多细节值得讨论。首先,我们发现,小女孩**拒绝道歉后父亲很快做出了坚决的反应**。他认为"我不愿意"这句话不仅意味着不听话,还表明一种对塑造孩子人格不利的定势。埃里克森认为对此不能听任不管。

这个小女孩跟所有孩子一样,需要有经验的家长帮助他们认识到遵守规范的重要性,考虑别人的利益和感受。这个帮助很及时,虽然是以一种有点非同寻常的方式。"搏斗"持续的时间值得注意,父亲的耐心和孩子的固执都令人吃惊。看来,**双方对于这件事都动了真格了**。

我们看到,父亲用身体行为告诉孩子,哪些规则必须遵守,哪些事情坚决不能做:因为孩子还小,过多的口头解释在此不适用。但是他采取的行动不同于一般的体罚,不是为了让孩子遭受皮肉之苦。这个动作只是为了限制孩子的为所欲为并**显示家长的力量——他有能力控制局面**。

接下来父亲开始端正小女孩的**思想**。首先,他用她的话回答她("我不愿意"),帮助她从旁观者的角度去反思自己的行为——没有这样的帮助,一个两岁多的孩子是无法自觉做到这一点的,而反思又是必不可少的。但最关键的时刻是在小女孩同意说周围的人要求她说的话以后,此时父亲的回答仍然是:"不对!"

为什么?埃里克森又为什么认为这是"最重要的时刻"?

我们认为，答案在于埃里克森此时要解决的问题。他的目的不是让小女孩说出正确的话或做出正确的外部行为。他想帮助她**思考和懂得**，只说"正确的话"是不够的，这关系到某种更严肃的东西。

孩子在猜测，又补充了几句话——而父亲的回答照旧，表明他想要的不是表面的妥协，他不想强迫孩子，而希望她能独立做出结论。最后，她说出了"**我想**"，表明孩子已经明白自己和礼貌行为规则的内涵有关系。

是不是这样呢？她以后会不会遵守这些礼仪规范呢？

埃里克森接着讲到孩子后来的发展。

十年以后，有一次我的两个小女儿开始对母亲喊叫，我把她们叫过来说："到墙角去站一会儿。我认为对母亲这么粗鲁不是好事情。你们站一会儿，想一想同意不同意我的话。"

"我可以在那儿站一夜。"克里斯蒂说。露西说："我想跟妈妈叫喊是不对的，我去跟她道歉。"

我继续写东西。一小时后去看了看克里斯蒂，因为站一个小时挺累的。然后我回头继续写东西，又写了一个小时。然后我又回过头来说："连表针都好像走得慢了。"半小时后我又回过头来对她说："我认为你跟妈妈说的话很粗鲁。更粗鲁的是，你还对她喊叫。"

她扑到我的怀里哭着说："我也这么认为。"

"她已经十年没受过惩罚了，"埃里克森继续写道，"从2岁到12岁。15岁时我又惩罚过她一次。只有这三次。"

我们看到，第一次经验和第一次感受管用十年，而一辈子"只有三次"惩罚！是否可以把这看做父亲针对孩子心理采取的正确措施呢？我想，是的。

由此我想起蒙台梭利的一个类似观点。她主张不要插手孩子正在做的事情。同时她要求**坚决制止任何粗鲁的、对他人有害的行为**。每当这种情况发生，她会向孩子指出来。

……要严厉制止和遏止任何不允许做的事，以使孩子可以分清好坏。

蒙台梭利认为让孩子分清"好坏"是"守规矩的出发点"。

> 很多天才的教育家在谈到教育理念时都讲过"自由"、"独立"、"善"，同时又说过"坚决制止"、"不允许"、"禁止"，这是有道理的。这种理念的主要特点是——将无条件的坚持与理解孩子的智慧结合在一起，这一点难能可贵。

基本原则

我们该对如何惩罚孩子的问题做总结了。上述事例中包含很多值得思考的东西。读者也许不能对每种惩罚方式以及我们所做的解释都表示同意。有些家长可能也会去探索找到解决问题的独特方法。同时我相信，**所有家长都希望他们选择的方法有助于把孩子培养成有教养、性格健全、拥有优秀人生的人，同时有助于保持和孩子之间的良好关系**。

因此我们总结出几条一般规则，包括什么不可以做，想要惩罚孩子时需要注意什么。

- ✓ 惩罚不能免除或长时间拖延。在发生破坏规则、做出粗鲁和不礼貌的行为之后要立刻惩罚。不管孩子年龄大小,都要这样做:孩子越早熟悉必须遵守的规则越好。

- ✓ 惩罚不可过分。惩罚是一个信号,表明规则的重要性,而不是"报复行动"。因此经典的"站墙角"非常适用。

- ✓ 不要用惩罚侮辱孩子。也就是说,惩罚时不应用粗鲁的语气,不能恶语相加。

- ✓ 体罚坚决不可取。体罚不仅使孩子受到侮辱,而且会使他变得冷酷无情。体罚不能养成任何好习惯,相反,它会破坏家长与孩子的关系,妨碍孩子个性的发展。

——

- ✓ 切记,惩罚的意义在于告诉孩子规则的严肃性,不可违反。因此对于破坏规则的行为尽量不要免除惩罚,应该严肃对待。

- ✓ 需要对孩子解释(尽量简短)大人不满的原因,告诉他具体需要怎么做。

- ✓ 实行惩罚时语调需要相对平静、友善。

我希望,如果读者遵循本章所讲的原则,惩罚这个问题将不再令他头痛。因为成人教育孩子的主要力量来自他的威信,只有拥有正确的生活方式、善于和孩子和睦相处并且注重自身发展的家长才能在孩子心中树立起威信!

但是假如还是避免不了要提到惩罚的话,这就说明您以前肯定对孩子疏于管教。希望您能**及时醒悟过来**!

第三章
家长不要总是一本正经

寓教于"乐"

孩子要比我们活泼得多，单调会令他们厌倦。他们很难忍受单调的活动、冗长的训话以及缺少变化的生活日程。他们总想"鼓捣出"什么新花样来，忙忙活活，吵吵嚷嚷，"兴风作浪"。人人熟悉的睡前枕头大战就是一种缓解精神紧张的本能需求。

一个熟人经常喜欢说：

> 人应该"善变"，从郁郁寡欢到笑意盈盈，从信心满满到犹疑不定，从严肃正经到活泼轻松，要富于变幻。

可以说，孩子就老是变来变去，这是他们的天性。

父母和孩子一起娱乐就是给孩子的最好礼物。没有什么比一起游戏、幻想、欢笑更能拉近我们和孩子的距离了！每当这个时刻，大人和孩子"同喜同悲"，彼此的信任与日俱增：孩子感觉到家长理解并接纳他永远活泼好动的天性，因此在严肃的时候他会更愿意听我们说话。开玩笑、幽默一下和一起开怀大笑往往比训诫更有影响力。

我想举个例子。

家中的卫生间是浴厕合一的,马桶紧挨着有热水管的那面墙,热水管是晾毛巾的地方。十多岁的儿子把他的湿鞋子放到了热水管上,其中的一只不知怎么掉进了马桶。父亲去上厕所,但马上就回来了。他手里拿着那只湿透了的鞋子,对儿子说:……

我们不妨设想一下,在这种情况下,家长通常会怎样教训孩子。可能会说:"米沙,你应该懂得,鞋子可能会掉到不该掉的地方!"或者:"我希望你知道水管是挂毛巾的地方,不是放脏鞋子的地方!"还可能(生气地、挖苦地)说:"你就找不到更合适的地方放你的鞋子吗?!"

可这位父亲是这么说的:

——米沙,你不反对我暂时把你的鞋子从马桶里拿出来吧?我需要用一下马桶,等用完了我再把它放回原处。

好妈妈，释放孩子的天性

——不，爸爸，不反对。儿子笑着回答。

这一幕把全家都逗笑了，很长时间他们总爱把这件事讲给朋友们听。至于真正的效果已经不必操心了。

我再讲一件事。

我们的两位朋友有个12岁的女儿，他俩在为如何让女儿养成保持整洁的习惯而发愁。这个孩子懒得起床，懒得梳洗打扮，懒得整理扔得乱七八糟的东西。父母想用各种言语"打动"她，例如，"你是个女孩子！""你看看你自己的样子！""难道可以这样吗？"……但都没有什么效果。

最后他们想到求助于鲁德亚德·吉普林①，确切地说，求助于吉普林的一首诗。他们把诗打印好，从邮局发出，收件人写的是女儿的名字，发件人为：P. 吉普林，英国。

---

① 1865年~1936年，英国作家。

第三章 家长不要总是一本正经

女儿打开信，读到：

在动物园，
我不止一次见过，
乱蓬蓬的骆驼峰。
可是你我会长出，
更难看的驼峰。

谁懒洋洋，脏兮兮，
不洗脸，不梳头，
谁就会长出驼峰，
又可笑，又难看，
匪夷所思，不成体统。

不管过节还是平时，
我们一睡就睡到中午，
醒来没精打采，
又学猫叫又学狗叫，
就是不想起床。
讨厌海绵和肥皂。

我劝你把安逸忘掉，
振作精神，工作勤劳，
别懒懒散散，别睡懒觉，
汗流浃背，辛勤耕耘。

女孩儿的眼睛瞪得大大的："哎呀，我的事他怎么全知道?!"（父母莫名其妙地耸耸肩。）她看看寄信者的地址，真吓坏了：

好妈妈,释放孩子的天性

"我的天!闹出了国际丑闻!"

虽说主人公从此以后并没有马上脱胎换骨,但她自己后来承认,她受到的触动无疑起到了积极的作用。

父母往往还会找到其他巧妙的方法来迫使孩子就范。

两岁的小女孩站在她的小床上,表情固执又坚决:世界上没有什么东西可以迫使她躺下睡觉!接着出现了这样的对话:

——你的小兔子不会躺下睡觉。

——我的小兔子什么都会!

——但你的小兔子不会把头放到枕头上。

——我的小兔子会!

(她把小兔子放到枕头上,自己紧靠着它躺下。)

——你的小兔子不会安安静静地躺着。

——小兔子会!

——可是你的小兔子不会闭眼睛。

——小兔子会!(小女孩闭上眼,很快睡着了。)

欲擒故纵

家长不仅采用这种"迂回"战略，还往往使用"欲擒故纵"的方法取得满意的效果。

一个母亲为了让十几岁的女儿养成收拾房间和整理东西的习惯，跟她不断发生冲突，这种持久战搞得她精疲力竭，于是她果断决定换个策略。她把女儿随处乱扔的东西收在一起，直接堆在她房间的门口，结果自然是无处下脚。女孩一走进自己的房间，迎面是乱七八糟的一大堆东西。她先是很不高兴，不过随后发生了变化：房间开始井然有序了。

还有一位妈妈，她的方法更是出人意料：

4岁的女孩一早就闹脾气，不肯穿衣服。她把递给她的衬衣使劲一扔，抛得老高。母亲不是叫她听话（她平时是这样做的），而是重复了她的动作，把连裤袜也抛了起来。小女孩愣了一下，

又把毛衣抛起来。妈妈则把睡衣抛起来……她们一边把各种东西抛起来，一边笑得越来越厉害。

10岁的哥哥闻声走过来："你们干什么呢？怎么，我也可以吗？"得到允许后，他打开妹妹的柜子，拿出她的东西来一件一件向上抛。很快小姑娘不再笑了："现在够了！我们收好吧！"她从此早晨不再任性，每天都乖乖地穿衣服。

尼尔也在书中讲了一个类似的例子。

一次，女生班上的学监找到我说："米尔德里德一个星期不肯洗脸，也不想洗澡，已经开始有味儿了。我该怎么办？"

"让她到我这儿来。"我说。

米尔德里德很快来了。她的脸和手都很脏。

"听我说，"我严厉地说，"这样不行。"

"但我不想洗。"她顶了一句。

"住口，"我说，"谁说洗脸了？你照照镜子。"

她照了镜子。

"瞧瞧，你觉得你的脸怎么样？"

"不太干净，是吗？"她冷笑着问。

"太干净了，"我说，"这所学校里的女孩子脸竟然这么干净，我无法忍受。再弄脏一些。"

她直接走到煤箱旁，用煤把脸抹得乌黑，然后面带得意回到我面前。

"这样行吗？"她问。

我仔细审视了一番。

"不行，"我说，"这边腮帮子上还有一点白的。"

当天晚上米尔德里德就洗了澡，我真不知道为什么。

为什么孩子有时会突然发生 180°的大转弯？ 通过分析这个问题，我们可以提出几条建议。

> 孩子对成年人各种各样的要求感到厌倦，他们以"不听话"表示抗议。当成年人"欲擒故纵"出乎意料地转到孩子的立场上时，他也就没有抗拒的对象了。

培养幽默感

听话的孩子身上会出现相反的问题。他们努力做到"循规蹈矩"，准确无误，这样的孩子有时会过于拘谨。

父母可以而且应该告诉孩子，在规则允许的范围内可以无拘无束，潇洒自如。待人接物自信大方是有教养、有风度的表现。

但为此首先要心情放松，轮到幽默感发挥作用了。

沙俄时代的俄罗斯贵族阶层很注重培养孩子言谈举止大方，教他们学会用幽默化解尴尬。在列夫·托尔斯泰的《童年》、《少年》、《青年》三部曲中对此就有一段精彩的描写。小说中的主人公尼古连卡 10 岁左右。

家里要举行儿童舞会，客人们带着盛装的女孩纷至沓来，空气中洋溢着欢乐的气氛。舞会马上就要开始了，哥哥提醒尼古连卡，该下楼到大厅去了。

尼古连卡突然意识到自己没有舞会上应该戴的白手套，他慌了。他翻遍了所有柜子，只找到了一只软皮手套，而且又旧又脏，中指还破了。他戴上这只残缺不全的手套，难过地看着露在外边被墨水染黑的中指。然后他急急忙忙地赶到客厅，完全忘了自己还戴着那只难看的手套。

他小心翼翼地走到祖母身边，小声对她说：

"祖母！怎么办？我没有手套！"
"这是什么？"祖母忽然抓起我的左手说。
"看看，我亲爱的，"她继续对瓦拉辛太太说（用法语），"看看，这个年轻人为了跟您女儿跳舞，穿得有多漂亮！"

祖母紧紧抓住尼古连卡的手，直到大家都笑起来。男孩的内心苦乐交加。一方面，他觉得很丢人，于是用尽全力想把手挣脱出来；但另一方面，他所喜欢的索尼奇卡笑得那么开心，他也随之释然："我们相视而笑，这似乎拉近了我和她的距离。"
托尔斯泰通过尼古连卡之口，以一段精辟的话结尾：

手套这段插曲本可能使我狼狈不堪，结果却让我受益匪浅：

第三章 家长不要总是一本正经

我在客厅——这个令我一直觉得恐怖的场合找到自如感,现在我在那里不再局促不安。

托尔斯泰准确而细腻地描写了孩子从拘谨到自如的心理过程,也表现了祖母的睿智:她懂得,幽默可以使人摆脱过分的紧张。

我再讲一件真事,看看嬉闹和玩笑是如何帮助缓解做客时的紧张气氛的。

几个大人带着孩子到另一家做客。大家围坐在布置漂亮的餐桌旁:几个大人和五六个3~12岁的孩子。大人们严密监视孩子的一举一动,希望他们举止得体;孩子们静静地坐着,尽量表现得很有教养。一个3岁小女孩的旁边放着她的小娃娃——一个光身的塑料小人儿。

男主人忽然出人意料地带着顽皮的表情把娃娃抓起来放进了罐头瓶里。小人儿可笑地立着,一半儿身子埋在带有辣椒块儿的番茄汁里。大家都因为意外而愣住了,继而哄堂大笑。大家一起用力把小人儿从罐头中拉出来,用餐巾纸把它擦干净……大家的心情逐渐平静了下来。忽然,还是那个"淘气的"大人,他手疾眼快地再次把小人儿放进了罐头里。于是相同的情景又重复一遍:大家嚷成一团,大人们忙着管教孩子,孩子们则一片欢叫。然后一切又恢复了正常。

肇事者的妻子对他侧目而视,而孩子们则带着欣喜和热切的期待目不转睛地盯着他。"淘气鬼"做出忧郁和顺从的表情,同时斜眼看着孩子们。最后,小人儿在孩子们笑到肚子疼的欢叫声中("我们就知道会这样!")第三次进了罐头瓶里,后来它又进去两次——这已经是孩子们干的了。最后大家一致认为:"好,现在够了,已经笑够了,闹够了!"大家把手洗干净,把小人儿

也冲干净了,大家开始比较严肃、比较平静地聊起来。

孩子们后来表现如何,请读者自己去想象。当大家告辞的时候,3岁的小客人对妈妈说:"妈妈,我们留在这儿住吧!"

在此我还想补充一点:

如果孩子能够与童心未泯的成年人相知相处,他会感到这是命运的馈赠。

与孩子一起想象

孩子的内心世界是通过想象、幻想和游戏展现出来的。甚至可以说,孩子,主要是学龄前和低年级的孩子,生活在两个世界中。儿童心理学家玛利亚·奥索琳娜在《孩子的秘密世界》中对此进行了精彩的描述:

孩子在家可以同时处于两个不同的现实中——一是身边熟悉

的环境,这是大人支配的世界,由大人对孩子进行保护;另一个是超越日常现象的自己想象的世界。对孩子来说,后一个世界也是真实的,只是其他人看不到,所以成年人也无法理解。同一个物体可能同时处于两个世界中,但有着不同的性质。就好像本来只是一件黑色大衣挂在那里,可是你却觉得是个可怕的人。

孩子的想象世界——这是童话和幻想的世界,自己的形象和故事贯穿始末,各种各样的人物活在其中,有声有色地上演着不同寻常的事件,而"作者"自己经常扮演主人公。成年人如果不了解孩子的这种双重生活,就永远不能真正地了解孩子。

有一次,一个3岁男孩的母亲来找心理医生:

我很担心,儿子怪怪的。他说自己参加了战争,受了伤,还给我看受伤的地方。我说:"你说什么呀?哪来的战争,哪来的伤?!"可是他还是嘟囔同样的话,已经不是一天了!他是不是神经有病啊?

与这位妈妈不同,那些细心的成年人,特别是那些由于职业关系常和孩子一起生活、交流的人,能够很好地理解孩子的想象并帮助我们理解孩子。且看奥索琳娜所述:

妈妈甚至做梦也想不到,孩子从盘子里的汤中会看到水草丛生、沉船密布的水下世界,而他用勺子在粥里划出一道道沟的时候,他会想象这是山中的峡谷,他故事里的主人公正在那里跋涉。

有时父母一大早根本弄不清楚那个坐在他们面前、貌似他们亲生孩子的人到底是谁:是他们的女儿娜斯佳呢,还是一只仔细把自己毛茸茸的尾巴整理好的小狐狸:早饭只要狐狸吃的东西。为了避免陷入窘境,可怜的父母有时不妨事先问问孩子,他们今天是跟谁打交道。

几十年如一日与各年龄段孩子打交道的尼尔也讲过这样的故事:

在夏山学校,6岁的孩子一天到晚玩耍嬉闹——玩的时候充分发挥自己的想象力。对于小孩子来说,想象与现实难分彼此。当一个10岁的孩子扮演幽灵的时候,其他孩子就会兴奋地尖叫:他们知道这不过是托米,而且看见他蒙上了床单。但当他向他们扑来的时候,他们还是会吓得大喊大叫……

我始终无法弄清楚,对于他们来说,想象和现实的界限到底在哪里。当小女孩用小玩具盘子给娃娃把饭端来的时候,她是不是相信娃娃是活的?对他们来说玩具木马是真马吗?当小男孩喊着:"开火!"然后射击的时候,他是否相信他手中的武器是真的呢?我倾向于认为,玩得正起劲时,孩子真的会把他们的玩具想象为真实的东西。只有当某个不知深浅的大人介入其中并因此使他们意识到发生的一切不过是他们的想象,他们才会从天上跌至地面。

为什么孩子会"一天到晚地"做游戏并给自己创造一个想象的世界呢?他们为何要这么做?原来,孩子可以通过想象和游戏学习成人世界复杂的结构、秩序、社会角色和人际关系。当他想象自己是士兵、飞行员、统帅时,主人公就会"附体"——表现出他们的言谈举止和性格特征,表现出他们的英雄主义和高尚情操(尽管目前还是在想象中)。正如心理学家丹尼尔·艾里果宁所言,孩子"在游戏中培养道德,不是概念上的道德,而是行为道德"。

正因为如此,经验丰富的教育工作者和心理学家呼吁,要谨慎对待孩子的游戏和想象。

"一个体贴的父母无论何时都不会破坏孩子想象的世界。"尼尔写道。

"不应该耻于游戏。任何游戏都不是胡闹。"亚努什·科尔恰克指出。

如果父母能够巧妙地参与孩子的游戏,那最好不过。这样,孩子不仅感到很幸福,而且玩得**极其认真**。所以我们在游戏中也应该保持足够认真的态度。

我想起我们家人一起做的一个游戏。8岁的孙女（上二年级）让她的妈妈、姐姐和我坐好，玩"上课"游戏。她当然是老师，我们是学生。我们写字母，数数（有时故意出错），她给我们纠正，提出批评。总有个别"学生"不断破坏纪律，告同桌的状（这时老师就会严厉地制止双方的争吵），不断要求上厕所（去过一次以后就不允许再去了）。

最后该上图画课了，老师布置的任务是画狮子！每个人都尽可能地画出来。我画的狮子，坦率地说，一点都不像。"老师"开始巡视并打分。我在等待判决的时候紧张得要命。

"老师"对姐姐（她显然很有绘画才能）说："不错……这里可以再修改一下，但总体来说不错，5-！"

接下来检查的是妈妈的画："差一些。我看，可以打4分。"

最后她的目光长时间地停留在我的作品上："哎呀，尤拉奇卡，我最高只能给你3-。你真是挺差的！"

这个评价让我深受打击,再加上"同班同学"还在那里幸灾乐祸……

"可怜的孩子们,"我想,"他们可是要天天面对老师和家长的各种评价啊!"

> 成年人参与孩子的幻想,不仅可以更好地理解孩子,还可以更好地帮助孩子克服恐惧和其他情绪问题。

美国心理学家威尔·麦克唐纳就讲过这样一件事。

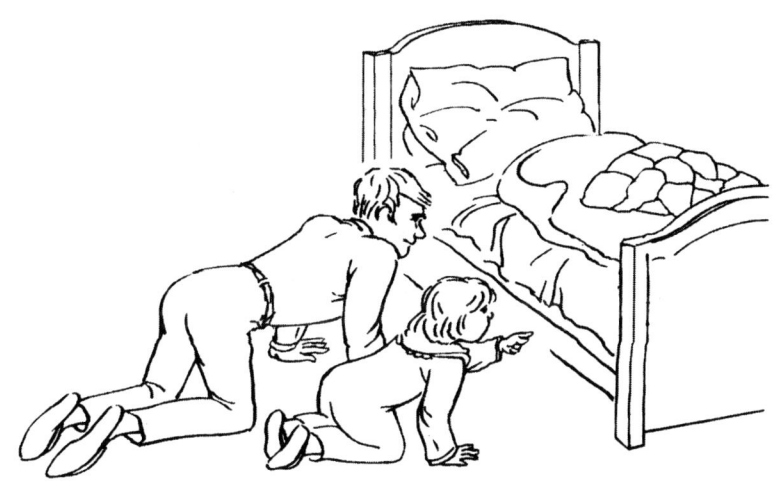

我女儿3岁时,有一次我听到从她的房间里传来惊恐的喊叫声。我赶忙去看出了什么事。我看到杰西卡躲在床上,她说她的房间里有一个可怕的怪物。我说我没看到任何怪物。她说,我走进房间,怪物害怕了,躲到了床底下。我们趴在地上,在床底下找它。我还是什么都没看见,但她说,这是她自己的怪物,只有她能看见。于是我说,既然这是她的怪物,她就可以随便处置它。比如,可以把它变得很大,但这会很可怕;也可以把它变得很小。女儿喜欢第二种办法,于是把它变小,变成玩具熊那么大。

这天晚上我们去餐馆吃饭时,杰西卡已经和怪物交了朋友,把它带在身边了。在回家的路上,杰西卡忽然在汽车后排大哭起来:"我把我的怪物忘在餐馆了!"她6岁的哥哥很熟悉这类把戏,他说:"没事,杰西,它就在你的口袋里。"

亲自给孩子讲故事

可以说,那些著名的童话都是成人创造的儿童幻想的世界,这些成人不仅才华横溢,而且思维活跃。儿童的想象丰富发展了他们的创作,他们反过来又让孩子欣赏到了更好的作品。过去讲童话的是老奶奶,而现在经常是由父母讲给孩子听。**孩子需要童话就像需要空气一样。**

孩子还很喜欢听故事。故事也和童话一样引人入胜,只不过更现实一些。俄国历史学家谢尔盖·索罗维约夫这样描写他小时候听故事的情景(当时是19世纪20年代):

我幼年最亲近的人是老奶奶和保姆。我觉得，保姆对我性格的形成有重要影响。

现在我还清楚地记得在儿童房里度过的那些夜晚：两个姐姐和我坐在大桌子旁，我坐在自己的儿童椅上……老奶奶手里织着袜子，讲故事的保姆也在织袜子，鼻子上架着一副没有腿儿的眼镜。这个又瘦又小、表情可爱的老太太不停地讲着她四处漂泊的往事。她去过索罗维茨基修道院和基辅好几次（超过三次），听她讲故事对我来说是莫大的享受。

保姆还讲那些遥远的地方，如阿斯特拉罕省，当她还是个小姑娘时就被人贩子卖到了那里；她讲伏尔加河、捕鱼、大果园；讲高尔梅克人和切尔克斯人；讲切尔克斯人如何打劫俄罗斯人；讲他们在被囚禁和逃跑中受的罪……保姆讲的一切给孩子的想象插上了翅膀，带着他飞出"狭小的儿童房"，激发了他想更多地了解不同国家、不同时代和不同民族的愿望。

好妈妈，释放孩子的天性

索罗维约夫说，"如果说我天生偏爱历史和地理，那么老保姆四处漂泊的遭遇、她到过的那些神奇的地方以及各种有趣的故事，肯定助长了一个孩子天生的嗜好。"

那些淳朴的目不识丁的老祖母，就这样在慢条斯理的闲聊中，"塑造"了很多未来的杰出诗人和科学家的心灵与性格。

如今，面对面地聊天、讲故事，这些传统渐渐地被新的信息技术给破坏了。父母抵制不住诱惑，将自己应该做的事交给动画片、录像机。但**与孩子的亲身交流是什么都无法代替的！**而且这种交流有很多不同的形式和"手段"。

其中一种就是编故事。我再次以尼尔为例。

每隔一个星期，我会在星期天晚上给小孩子们讲他们自己生活中的各种故事。我长年坚持这么做。

在尼尔编的故事中，孩子们去非洲大陆旅行，去大洋底探险，还飞上高高的云端。故事中有些事件完全是想象，其中包括对学校生活的想象。

前一段时间我跟他们讲了我死后的事情。夏山学校被一个非常严厉的人接管，他叫马金斯。他要求必须上课。如果有人只说一声"见鬼！"，就会受鞭罚。我绘声绘色地描述，他们如何对新校长言听计从，从不反抗。

孩子们——年龄从3岁到8岁——火了："我们不服从。我们全都跑了。我们用锤子把他打死了。你觉得我们会容忍这样的人吗？"

最后我意识到，只有让马金斯先生"起死回生"并将他赶出门外才能安抚住学生们的心。

第三章　家长不要总是一本正经

当孩子和大人**一起编故事**和童话时,情节的发展特别具有戏剧性。

我们到茨维塔耶娃的短篇小说《母亲的故事》中看一看"一起编"的例子。这是一篇自传体的小说。玛丽娜(当时她大概 6 岁)和她的妹妹阿霞(比她小 3 岁)在听妈妈讲故事。我们只摘取几个片段。

□　从前有个母亲,她有两个女儿……

"穆霞和我!"阿霞很快插嘴说,"穆霞弹钢琴好些,吃东西好些,可是阿霞……阿霞摘了盲肠,她差点没死了。"

"是啊,"母亲应道,她显然没听阿霞的话,在继续编自己的童话,也许完全在想别的事,"两个女儿,大女儿和小女儿……"

"可是大女儿很快就老了,而小女儿一直年轻,有钱,后来

好妈妈，释放孩子的天性

嫁给了一个将军大人，或是摄影师费舍尔。"阿霞充满幻想地接着说，"而大女儿嫁给了收容院的奥西普，他的手是干巴巴的，因为他用黄瓜打死了弟弟。是不是，妈妈？"

"对。"妈妈又应道。

"小女儿后来还嫁给了公爵和伯爵，她有四匹马。而大女儿这时候老得不得了了，又脏又穷，奥西普把她从收容所赶了出去：拿起根棒子就把她赶出去了。"

□ "接着，当强盗要她选择的时候，她把两个女儿一起抱住了……"

"妈妈！"阿霞喊起来，"我根本不知道，哪有强盗！"

"我知道！"我立刻说，"强盗就是这个太太，这个有两个女儿的妈妈的敌人。当然，就是他打死了她们的父亲……"

"妈—妈！穆霞怎么敢讲你的故事？"

"因为他爱上了她！"我得意洋洋地说，已经有些忘乎所以了，"他宁可看见她死，也不愿意（为别人妇）……"

"看看这非洲式的激情！"母亲说，"你这是从哪儿学来的？"

"普希金啊。'但是我嫁给了另一个人，我要忠实于他。'（我又稍微想了一下）不对，好像是从《茨冈》学来的。"

"我看是从我禁止你读的《信使》中学来的……"

□ "妈妈，她到底更喜欢谁？"阿霞忍不住问，"因为一个爱生病，不好好吃东西，肉丸也不吃，豆子也不吃，吃鳕鱼的时候还要吐……可是为了她不至于饿死，妈妈跪在她跟前说'来，求求你，再吃一小块：宝贝儿，张开小嘴儿，我把这小块儿放进去！'可见，妈妈更爱她！"

"可能……"母亲诚恳地说，"可以说更疼她，因为她是那么难养活。"

第三章　家长不要总是一本正经

"妈妈，别忘了盲肠炎！"阿霞着急地说。

□ "几年以后人们才开始传说有一个住在山洞里的圣人隐士，于是……"

"妈妈！这是那个强盗！"我喊道，"总是这样的。他当然成了世界上除上帝以外最好的人！只是——太可怜了。"

"什么可怜？"妈妈问。

"强盗可怜！因为他像只受伤的狗，什么都没有，一瘸一拐地离开——她，当然……要是我的话，当然，肯定热烈地爱上他：我肯定把他领回家，然后肯定跟他结婚。"

这些片段只能部分地反映整篇小说的艺术表现力和精彩的心理描写，但已经可以看出两个小女孩的情感"热点"，她们的"非洲式的激情"。这里有争强好胜，也有争风吃醋。娇生惯养的小女儿利用一切手段，包括对姐姐进行"道德贬低"和自吹自擂来争宠。大女儿也不示弱，反唇相讥，但与此同时她又表现出仁慈善良和舍己精神，准备收留不幸的强盗。总之，两个小女孩内心世界中那些无法直接表达出来的东西，通过这个故事表现出来了。

所有孩子都是如此！

还有一种方式——**扩展式交谈**。费曼的父亲带孩子散步时，用的就是这种谈话。类似的谈话中不仅包含各种问题，而且猜谜、幽默搞笑比比皆是。以下是兹翁金书中的一个例子。

夏天我们在莫斯科郊区租了一所别墅，别佳来做客。男孩子们想起他们不久前被带到动物园看猴子的事。

我插话说那不是给他们看猴子，而是给猴子看他们。我的中伤引起孩子们强烈的抗议，但他们一时找不到反击我的话。

——是我们看它们。

驳倒这个论据易如反掌：

——想什么呢，你们看它们！它们也看你们了。

第二个论据要严密得多：

——我们可以想去哪儿就去哪儿，猴子不能。他们关在笼子里。

但我还是予以反驳。

——不对，你们不是想去哪儿就去哪儿。比如，你们不能到笼子里去。猴子不能到笼子外边。只不过有铁栅栏，猴子在栅栏的一边想去哪儿就去哪儿，你们在栅栏的另一边想去哪儿就去哪儿。

我们就这样又争论了一阵子……

一起做游戏和脑力训练

家长还可以和孩子一起做那些对孩子、对彼此的关系有益的事，比如玩纸牌、下跳棋、象棋。这样的活动有很多益处。既可以得到消遣和发展，拉近彼此的关系，还有助于解决一些心理问题。

家长的重要任务之一是教会孩子正确对待失败。我们知道，有些孩子输不起：又哭又闹，不肯玩下去。在这种情况下不应该迁就孩子，听他摆布。因为游戏是以现实生活为原型的，其中充满竞赛、竞争，当然也有失败。

> 您和孩子一起做游戏，这是在为他的人生做准备。通过游戏他可以明白，第一，他不会永远成功；第二，为了获得成功需要努力去做，需要思考，需要掌握很多知识；第三，失败还不是"世界末日"。

如何通过游戏给孩子上情感课，完全取决于您。对于特别敏感的孩子，最好给他"打预防针"。每个人都有输的时候，他可以把自己的苦恼向别人倾诉，而别人会对他表示同情。当然，胜者可能会沾沾自喜，这很自然，但最好克制些，不要得意忘形，以免让对手太难堪。可以和孩子讨论一下，在什么情况下还会经常遇到（或可能遇到）类似的烦恼，如何更好地克服。甚至可以乐观地看待失败，想一想失败会带来什么益处。

在共同的游戏中孩子的智力会得到发展。同时您会成为这一过程的见证者和参与者。以下就是一个例子。

这是一个普通的棋类游戏，每个参与者通过掷骰子得到 1~6 个点，根据点数走棋，有时沿着规定的线路稳步前进，有时向前跳很多步，有时退回原来的位置。一个 5 岁的男孩逐渐觉得走"慢"棋太没劲。一般刚开始玩这个游戏时，孩子都会觉得既有益又有趣——可以学会数数：两步，三步，甚至六步！但现在这些都学会了。于是孩子想到用上第二只骰子。现在变得有趣得多了！首先，棋下得比较快；其次，点数增加到12，最重要的是，现在孩子必须把点数加起来——而他很快就掌握了这个运算。过了一阵子他建议用三只骰子！就这样，他不知不觉地学会了10以上的进位运算。

如果想用骰子训练孩子的运算能力，关键是不要催促孩子——既不要急着把这个想法付诸实施，也不要急于教孩子运算。切记，对他来说，他自己想到的东西才是至关重要的。

还有一个例子跟纸牌游戏有关。我认为玩牌并不是坏事。就算是玩"小猫钓鱼"，您也可以和孩子一起经历胜与负的喜与忧。此外还有更能开发潜力的益智纸牌游戏。

父亲、母亲和13岁的儿子一起玩"金格"。这个游戏要求全神贯注，要进行计算、核算。游戏要玩很多局，每局结束时每个人得到一定的分数，每局的分数要记录下来，所以游戏要持续很长时间。

整个游戏结束时,他们想到做一张图表标示每个人的得分情况。结果很有意思:妈妈(她是喜欢冒险的玩家)的图表呈现出剧烈的上升和下跌,最终结果是——最后一名!爸爸(他采取比较谨慎的战术)的图表比较平缓,但有几处令人沮丧的凹陷,"作者"解释说爸爸"失去了警惕性",他的总分是第二名。儿子玩得很谨慎,很认真:有一些小小的失利,但随后用大比分赢了回来,结果获得了第一名。

最后三个人都很高兴,都说借助于图表可以明辨每个人的战略,甚至各自的性格特征!自然,等儿子在学校学到图表课时,他会觉得毫不陌生,很容易接受。

俄罗斯著名数学家弗拉基米尔·阿尔诺利德童年发生的一件事很有教益。

小学二年级时,安娜老师对我母亲说,我升不了三年级,因为不会背乘法表(因此不具备计算所需要的数学才能),但继家族的很多前辈之后,我最终还是成了一名数学家。

"当我问他 4 乘 7 是多少的时候,我发现他背不出来,而是在脑子里很快地把数加起来。"安娜老师说。

当天晚上奶奶让我永远记住了乘法口诀表。为此她做了一副牌,在每张牌的一面写上题(例如"7 乘 8"),在另一面写上答案(56)。奶奶每次出示问题后就把牌翻过来;如果回答正确,我就把这张牌"赢过来",如果不正确,就把它放到整副牌的下面,再看下一张牌。

没有赢到手的牌迅速减少,大约一个小时后,就只剩下三四张了,这几个问题的答案自然而然地记住了。在学习中,游戏比惩罚更管用。

孩子们非常喜欢**脑力游戏**,特别是在问题适合他们的年龄和能力的情况下。在 E. K. 科兹洛娃所著的《脑筋急转弯》一书中可以找到很多难度不同的问题。

但有一些很简单的"拐弯"问题,学龄前的孩子完全可以弄明白,而成人却可能一下子卡壳。在这种情况下,已经知道答案的孩子会"幸灾乐祸"地看着家长犯错、"伤脑筋":**双方的角色总算颠倒过来了,"你也有今天"**!这种有趣的游戏可以激发孩子寻找其他类似问题的愿望。我先以两个题为例。

第一个题:

"一块砖重一公斤再加上半块砖有多重?"(千万别马上回答说:"一公斤半",这是一般的答案,但不对!)

第二个题更是典型的智力"魔方",您可以教给孩子,再让他去给别人表演:爸爸、奶奶或同学。

想一个10以内的数,乘以7,减去所想的数,剩下的数除以6,再减去所想的数,得数加5,再乘以4,你的得数是20!

读者可以想一个数，然后逐步来验证。如果一次不成功，那么把这个数换了两三次以后，您就会明白关键所在。和孩子一起把问题研究清楚（如果他还没有抢先于你）之后，您可以变化步骤和数字，肯定可以正确无误地找到谜底。

还有很多其他可以和孩子一起做的游戏，有的可以锻炼灵活性，如捉迷藏、摸人儿、摔跤，有的是协同作战——钓鱼、放风筝或给娃娃缝衣服，还可以是搞一些意外惊喜或"神秘"礼物。

抽出时间陪伴孩子

父母必须抽出时间陪伴孩子，哪怕是一点点时间，融入他的世界，和他一起玩，谈他感兴趣的话题，一起想象，一起欢笑。

"忙"是个冠冕堂皇的借口。结果，那些"工作繁忙的家长"在日程安排时几乎没有考虑到孩子，留给孩子的只是偶尔一点点的"剩余时间"。但是如果一个人在工作上很成功，他同样可以成功地解决对自己和自己的孩子命运攸关的问题：与他分享自己的时间，让孩子得以与有才华的人交流！

为此我还想举一个例子：这个家长才华横溢，他在专业领域取得的成就以及他为此投入的辛勤劳动，大家有目共睹。他就是利季娅·丘科夫斯卡娅的父亲——我国著名作家、诗人科尔涅伊·丘科夫斯基。

丘科夫斯基家的惯例是：父亲在工作几个小时之后会走出自己的房间，和迫不及待地等着他的孩子们玩儿一会儿。

他总是变着法地让我们高兴。只要跟他在一起，我们就快乐得不得了——都缠着他不离开半步……

他也很乐意和我们一起玩那些简单易行、不用动脑筋的游戏：救人、赛跑、堆雪人，甚至叠罗汉，无缘无故地哈哈大笑，推推搡搡，滚成一团，尖叫……

他教我们学会了下象棋和跳棋，猜字、演戏，用沙子堆城堡和水坝；他鼓励我们玩儿——看谁跳得更高，谁在栅栏或铁轨上走得更远，谁把球或自己藏得更巧妙；他和我们一起玩击木游戏，还有单腿跳——跳到院门口再跳回来。

作为父亲的丘科夫斯基注意对孩子进行道德教育。他不能容忍"玩忽职守"、无所事事，做事不全力以赴，他注意培养孩子们的劳动习惯。但平时他也会让孩子放松、开心。

他把整理书桌变成有趣的游戏：我们用特制的小铲子把图钉起下来，在桌子上铺上绿色的新纸，弄平整后用图钉固定好；找到一块藏在秘密地点的抹布把抽屉擦干净；然后按他的吩咐跑到小河边，再找到一块藏在另一个秘密地点的灰色肥皂把抹布洗干净——太有意思了。

丘科夫斯基自己教孩子们学英语。他自己从年轻时就酷爱英语。他把上课也变成了有趣的游戏。

"那个著名秃顶旅行者的骨瘦如柴的管家得了猩红热以后，吃了她给自己的卷发侄子煎的鸡蛋。盼望已久的客人跳上枣红马，用火钩子赶着马朝马厩飞奔……"

这就是他留给我的作业。明天我应该把它翻译成英语。这是他自己专门为我胡编的一段话，他给科里亚也单独编了一段同样荒唐的话，句子是用他前一天教给我们的词串联而成的。

当时我六七岁，科里亚9岁或10岁。我们翻译了很多类似荒唐的句子，并且被逗得哈哈大笑，惊声尖叫！"用火钩子赶着马！……"

"老处女吃了太多油腻子，掉进了池塘。"

吃了很多油腻子！太好玩儿了！我们对内容并不挑剔，笑得前仰后合。学过这些荒诞不经的句子后，按照父亲的吩咐，我们打开狄更斯小说中他准备让我们读的那一页，不用他帮助，我们自己就可以知道奥利佛·特维斯特接下去怎么样了，——啊！为此而背生词甚至受点苦都是值得的。

我们从本章讨论的内容可以得到一个简单的结论：

> 寓教于乐要比耳提面命有效得多！

第三部分

和孩子沟通

第一章
积极倾听

我们一直都在与孩子沟通——教他们学东西、养成好习惯，喂他们吃饭，带他们散步，惩罚他们，和他们一起玩，每时每刻都离不了沟通。教育的效果，当然还有孩子和我们是否幸福快乐，取决于沟通是否有效。我们前面已经不止一次地谈到**友善的沟通氛围**是非常重要的。

这种氛围不仅取决于大人的性格和孩子的行为，还需要掌握和运用**沟通技巧**。

> 所有相信沟通技巧并开始掌握这些技巧的人都惊喜地发现，有效沟通对人的心情以及与他人（包括与自己的孩子）的关系都能产生积极的影响。

心理学中有一种方法——**积极倾听法**，它有助于陷入困境、遭受失败的对话人表达自己尚未完全清晰明了的感受或想法。

我在《不抓狂，育出好孩子》（第5课）中介绍过这种做法的基本知识，还讲了很多值得借鉴和要注意的细节。在这里我不准备重复所有的内容，只讲一些最基本的东西，然后讨论运用这种方法带来的更深层面的积极后果。

好的开始是成功的一半

在积极倾听的时候您的任务是**理解说话的人,并让他明白这一点**。当我们说"理解"的时候,指的不仅是他说话的内容,还包括他的情绪、感受。

人们发现,下述方法有助于完成这两个任务(理解并让对方明白):

重复对方所说的话,同时指出他的情绪和心情。

如果您的回答是准确的,那么对方就会感到您认同他的感受,"分担"这种感受。这种感觉对任何人都很重要,正如谚语所言:"痛苦有人分担,就会减少一半;快乐有人分享,就会增加一倍。"

我想**提醒**您几点:

——重复对方的话时,您可以重复他说的一个词或一个句子,或者用替代法(换种说法表示同样的意思);如果对方讲了很多,则可以做个**概括**。

我们举个例子。小孩子打针的时候哭着说:"疼,大夫坏!"您的回答应该是这样的:"你很疼,你生大夫的气了。"(我想说的是,你们的谈话不是到此为止,这里只是讨论您的第一个回答。)

第一章 积极倾听

另一个例子：已经上学的女儿说："我不穿这双难看的鞋子，全班同学都会笑话我的！"您的回答应该是："你不喜欢这双鞋，你怕同学们会笑话你。"

在第一个例子中，大人的回答里重复了"疼"这个词，并呼应了孩子的感受"生气"。在第二个例子中，"你怕同学们笑话你"是用迂回法表达了女孩子的担心（"全班同学都会笑话我"），并说出了她的感受（"怕"）。

——在积极倾听的同时运用**消极倾听**。这也是积极关注对方问题的一种形式，只是用的言语比较少。可以用只言片语，感叹词（"真可惜！""真的吗？""哎呀！""哦……"），点头和专注的眼神。

积极倾听法还包括一些其他原则和建议。

——回答后**停顿**一下，这很重要。这是为了给对方思考的空间和时间，他可能说更多。这也使您可以把精力集中到对方身上，忘掉自己的想法、评价和情绪。这种"忘掉自我"和"设身处地"是积极倾听的必要条件，也是最难做到的。如果能做到这一点，您和对话者之间就会产生一种非常信任的关系。

——还有一个非常重要的细节要注意，那就是您的语调。要用**肯定句**，而不是疑问句来重复对方的话。用疑问句意味着您想得到信息；用肯定句则表明您告诉对方，您听到了他说的话。

我们来比较一下：例如，看到别人表情痛苦，您可以用第一种方式发问："你很痛苦？"也可以用第二种方式："你很痛苦。"哪种方式能表达出更多的同情和理解？我承认，区别不太大，但"受难者"却总是能够感觉到。这是因为在第一种情况下您是在为自己提问，是为了证实自己的感觉（即使与他有关）。而在第二种情况下，您传递出的是您在分担他的痛苦。

——用非语言的方式加以呼应也很管用，包括采用与对方同样的**姿势**、表情、手势、语调、音高、节奏、眼睛和头部的动作等等。重要的是您的眼睛要平视他。

还有几个忠告涉及"不要"。

——如果没有时间，就**不要开始**这类谈话。这很好理解：请想象一下，当谈话已经开始，刚刚建立起信任的气氛，您忽然说："哎呀，对不起，我有急事！"对方会感到很难受甚至气恼，他是有道理的。

——**不要盘问**。前面讲到疑问语气时我们已经谈到这一点。不要直接提问，特别是盘问。因为您提问时是在满足自己的好奇心，而对方是能够感觉到这一点的。

——**不要出主意**。当我们想帮助一个人的时候，首先想到的是出主意。况且有困难的人自己常常会问："你说，我该怎么办？"生活经验告诉我们，其实出主意是没用的。这有几个原因。第一，当您出主意的时候，好像显得您比对方高明。这会使他（清楚或模糊地）感到被冒犯，会尽量揭穿您的"好"主意。第二，您是从自己对情况的理解出发，而对于他来说，问题可能完全是另一种样子的（这就是为什么以"如果我是你……"开始的建议经常得到这样的回答："可我不是你，我不能那么做！"）。第三，通常您出的主意他已经想到了——因为他比您想这个问题的时间更长。这就是为什么出主意的谈话经常是这样的：您说："你为什么不……"他说："是啊，不过……"

在实际掌握积极倾听技巧的过程中有很多"暗礁"，不仅包括上面列举的这些"不要"，还有我们对他人的抱怨、不幸和痛苦所做的**习惯性的回应**。

在这些典型的回应中，最常见的就是提问和出主意。我们再列举一下其他不适当的回应，并附上一些例子（当然是反面例子，也就是**不应该那样做**），以及对这些例子的说明。

我要提醒您，这些例子指的是您的孩子（或成年的交流对象）"情绪满杯"（参考《不抓狂，育出好孩子》）的时候，此时

第一章 积极倾听

他需要别人充满同情地（积极地）倾听。

吩咐，命令："闭嘴，不准哭！"

（这种回应显然离同情远得很！）

警告，威胁："再这样，你知道会有什么后果！""如果你不听话，就把你关进小黑屋！"

（这里没有理解，也没有去理解的愿望。重要的是"恢复秩序"，并为此进行威胁。）

讲大道理，说教："跟你说过多少次了：要听大人的话。现在只能怨你自己了！""游手好闲是万恶之源。跟你讲过，要勤奋！"

（孩子对此的回应是无言的痛苦："本来就够倒霉的了，还得挨训"，"一听这些话我就想把耳朵堵上！"）

批评，指责，责备："你总是惹事！""那么大个子一点脑子都没有！"

（自尊心又受到一次打击！）

起绰号，嘲笑："泪包儿"，"糊涂虫"，"抱怨精"，"怎么这么笨！""看哪，他们看不上我们的爱因斯坦！"

（不要贴标签，开玩笑最好是善意的。）

猜测，解释："你生气是因为你自己什么都做不好"，"你可能是跟朋友吵架了，所以闷闷不乐的。"

（这些话中含有事不关己的评论和对隐私的侵犯。人们不喜欢被"查老底儿"。）

口头上的同情，说服，劝诫："没什么，会过去的"，"我理解你，但用不着那么伤心"，"没什么了不起的"，"我也有过这样的时候——没什么，过来了。"

（这样的"同情者"不是分担对方的痛苦，而是贬低他的痛苦。这是不公平的，很伤人。）

当然，在生活中，类似的言语往往是混合在一起的。例如，儿子放学回来很伤心，因为得了两分。父亲说：

得，我就知道！现在我该把你怎么办呢？人话你不懂，整天闲逛！难道你没看到，父母为你费了多少劲？你就拿这样的好"成绩"来报答！我不打算再忍了，得采取措施了！

您大概不难看出，父亲的话是各种老生常谈的混合，他没有努力去倾听和理解孩子。所以，学会积极倾听并不容易。

> 积极倾听时需要细心观察，作出感情上的呼应，快速领悟其中的含义，还要掌握语言的艺术。同时要忘掉自我的想法和感受，换位思考，设身处地地替对方着想。

要明白，一切困难都是可以克服的，不错，不会那么快，需要练习和训练。不过，最初成功的喜悦经常会鼓励您继续练下去。

举几个成功的例子。第一个例子是一位母亲讲的小故事。

我女儿两岁十个月。昨天我带她去上课，女儿一见到雪堆就喜欢得迈不开步了。她说：
——我不想去上课，我想玩儿！不想去上课。
——你想玩一会儿。
——对！
——你想在雪堆里打滚儿。
——对！
——什么妨碍你呢？

第一章 积极倾听

她颇为认真地想了想,然后说:

——我不知道。

她继续想,我不说话。她又说了两次:"我想玩儿。"然后又想了想,忽然说:

——我们去上课吧。

在这一幕中我们看到,妈妈的积极倾听帮助孩子自主地解决了问题。此外还可以看到,如果沟通已经建立起来(妈妈两次从女儿哪儿听到"对"),那么她提一个问题也不会影响沟通的进行。

还有一个例子,一个年轻姑娘首次尝试积极倾听。

姐姐请我去帮她看女儿,她和丈夫要出门,很晚才回来。奥丽奇卡对妈妈离开的反应很激烈。对她来说这是一种煎熬,总要为此大哭一场,并且一发不可收拾。结果很难哄她入睡,夜里她也经常睡不好,会翻来覆去或瑟瑟发抖。以前我从未尝试过积极

好妈妈，释放孩子的天性

倾听。这次我决定试试。

奥丽奇卡坐在床上，缩着身子，伤心地扭着手，抽泣着："我想找妈妈！"这时妈妈还没有走，正在旁边的房间穿衣服。我默默地坐到她身边，开始抚摸她的肩膀。她把嘴撅得鼓鼓的，用更厉害的哭腔重复说："我想找我妈——妈！"我还是什么都没说，只是同情地深深叹了口气，继续抚摸她的肩膀。这时她看了看我，爬到我的腿上，把头扎在我的胸前，开始抽抽搭搭地哭起来。我抱着她说："你会想妈妈的。你想让她现在跟你在一起。"奥丽奇卡点点头表示同意，几分钟以后已经不再哭了。

老实说，这让我很吃惊。我没想到这么快就会见效。"妈妈得出去，这你懂，但你还是想让她留下。"我继续说。奥丽奇卡再次点点头。我不停地抚摸她的肩膀，轻轻地摇着她。"你是个聪明的孩子。我很高兴你不再哭了……你心里难过，可是你不会当着妈妈的面哭，让她难受。"我微笑着看着奥丽奇卡的眼睛。她也对我微笑，然后又靠在我的胸前，问道："你给我念会儿书好吗？"

第一章　积极倾听

这是姐姐第一次在离开家门时没有听到奥丽奇卡那歇斯底里般的哭喊。我履行承诺给她念了书，她很快就睡着了，而且睡得很安稳。

孩子们会很快地接受这种新的沟通方式，每每谈到这个话题，家长都会感到难以置信。下面是一位母亲的来信，她花了很大力气掌握了积极倾听法。种种迹象表明，她获得了成功。

尊敬的尤利娅·鲍利索夫娜！您好！

我非常希望我和大儿子的对话能让您感到高兴。我差不多一字不差地把它记了下来。

在复活节前一天我们用奶油（蛋清加糖）装饰复活节蛋糕。巴沙（我的大儿子，他5岁半）努力帮我。

当我看到蛋清不但没有搅起泡沫，而且几乎粘在锅底上时，非常沮丧。用这样的奶油没法装饰蛋糕！我说：

——我的天哪，你看看，鸡蛋完全没有搅起泡沫！粘在锅底上了！……怎么用它来涂蛋糕呢!? 怎么办？

巴沙肯定被我这番气急败坏的话吓坏了,他用充满同情的目光看着我,说:

——妈妈,你说,它全粘上了!真是的,这对你来说多糟糕!因为现在你没法涂蛋糕了!

——是啊,没法涂了!

——你很难受,因为你不能给我们过节了!

——是啊……

——可是你那么努力,想让我们大家高兴!

——是这么回事……

——可是,妈妈,我们有办法——我们可以用果冻装饰蛋糕,对,我喜欢的果冻。或者给爸爸打电话,让他再给我们买些鸡蛋,我一定帮你搅。你知道,我能搅好。这样就成功了!

老实说,听了他的话,我手中的搅拌器差点掉下去!这不仅是因为我觉得很温暖、很舒服,更主要的是因为我从他嘴中听到了我自己最近跟他讲话时经常使用的句式!

致以最良好的祝愿!M. П.

我承认,每当了解到生活中发生了这样"想都不敢想"的事情时,我非常高兴!

如果不管用,怎么办

现在我来回答读者提出的一些个别问题。

第一章 积极倾听

问题：如果孩子还不会说话，是否可以积极倾听他呢？

回答：当然可以，而且母亲通常会本能地这样做。我们看看她们是怎么做的。比如吃奶的婴儿开始烦躁不安，吭吭哧哧或是啼哭，妈妈就会走过来柔声问："怎么了？你饿了吧……虽然还早……也许你想喝水了？"妈妈把水瓶给他，但孩子扭过头以示拒绝。"哦，你不想喝水！也许你只是尿湿了？"——查看尿布。——"没有，是干的。也许你只是不想仰面躺着了。"——于是把他抱起来。

妈妈这是在做什么呢？她把孩子的不满用语言表述出来，告诉他，她和他在一起，会帮助他解决他的"问题"。孩子还听不懂她的话，但能感受到她的语调和行为所表示的同情。

母亲是在用行动"倾听"他（请看 BOX－3）。

问题：我积极倾听不管用，女儿还是不听话，我该怎么办？

我请这位母亲举个例子，她回答道：

昨天我跟她说："该上床睡觉了，已经不早了。"

她回答说："不去，还早呢！"

我积极倾听："你不想去睡觉。"

她回答:"对,不想。"接着看电视。

回答:类似的问题是基于一种错误的认识。

我要再次强调:不要以为积极倾听是为了让孩子执行您的愿望或要求。

积极倾听完全不是一种用来达到自己目的的新花招。它的目的是建立彼此信任的沟通气氛。在这种气氛下比较容易解决问题,双方的愿望也比较容易达成一致。

受这个问题启发,我想再次提醒一下父母,积极倾听不适用于所有情况,它只适用于一定的沟通情境,即对方的情绪剧烈波动,而您相对平静的时候。我想,在刚才讲的那个情境中,更着急的是母亲。

问题:如何用积极倾听法帮助对方解决他的问题?既然出主意不好,那么怎样才能帮他呢?

回答:我想说一说心理援助专家得出的一个重要结论:经验表明,谁都无法代替别人解决他的情绪问题。出主意、凭自己的经验指手画脚通常没有用,但是"倾听者"提供的帮助却是实实在在的。著名心理医生卡尔·罗杰斯倡导的神入疗法就是一种比较完善的积极倾听法,其疗效非常显著。

因此,首先应该记住:

人——不管是大人还是孩子——如果得到心理支持,可以自己找到解决问题的方法。

归纳起来,这种支持包括以下内容:

- 第一,您要在他身边,让他可以倾诉。
- 第二,您表明您理解他的感受,因为您把他的感受准确地说了出来;您的表情和语调告诉他您同情他的感受。
- 第三,不要粗鲁地盘问他的感受,而是通过停顿给他留出思考和整理思想的空间。
- 第四,您的"不过问"向他传递一种信心,他本身具有很强大的力量和能力。

理解孩子的处境

正如我们所见,当一个人开始积极倾听的时候,他会很快发现自己身上发生了积极的变化:孩子或亲人的言行不再常常惹他生气,他会变得更平和,更耐心。

变化过程从技巧深入到实质,从行为深入到内心。

父母开始更好地理解孩子的需求,对他的"负面"行为反应比较平和,更多地理解其中的原因。

我引用一封一位母亲的来信。

我7岁的儿子瓦夏已经自己上学一个学期了,因为学校就在旁边。但是我跟丈夫经过商量,还是觉得如果他到学校以后和离开学校的时候从学校给我们打个电话,我们可以比较安心。我们和孩子说定了,第一天很好。第二天他没有打电话,我惊慌地跑到学校,瓦夏对我说他忘了。第三天又是这样。

"你为什么忘了?你走的时候我提醒过你呀!"我无助又气恼地说。

瓦夏乖乖地接受所有惩罚,站墙角,不准看动画片。但第二天还是没有打电话。不管怎么问,他都回答说忘了,一点办法都没有。

我绞尽脑汁地在各种育儿书中寻找方法,最后决定接受《不抓狂,育出好孩子》的建议。我没抱太大希望,用平静的语气猜测说:"可能是男孩子们笑话你了……"

"对,"瓦夏马上歉疚地说,"他们说我是妈妈的小乖乖!"

我们谈了很长时间,我意识到,对于已经习惯独立、感到自己已经长大的瓦夏来说,在同班同学的嘲笑声中给我打电话汇报自己的行踪,他心里一定不好受。

"你看,我们没有互相理解。"我说,"我并不希望你的行为举止像一个娇滴滴的小乖乖。但是当我为我的亲人担心时,我觉得自己弱小无助。我很着急,非常非常害怕,而如果你打电话,你就会像一个大男人一样,让我摆脱恐惧。"

从那以后他只有一次没打电话——那一次是学校的电话坏了!

在这件事中,妈妈设身处地地理解儿子的困难处境,以及他不想做"妈妈的小乖乖"的想法。他没有直说,但她猜到了。这样的猜测说明这位家长会"倾听"孩子内心的感受并给予理解,可以称之为深入的积极倾听。

美国心理学家埃达·莱山讲过的一件事令人难忘,我们来看看这位家长是如何"倾听"孩子的处境的:

第一章　积极倾听

　　大卫的生日晚会快结束时,他弟弟彼得开始胡闹。看到父母把所有的注意力都放在哥哥身上,这个 4 岁的小家伙的醋坛子被打翻了。当父亲把一杯牛奶递给他的时候,彼得打了一下爸爸的手,说:"我不爱你,走开,让我一个人呆着!"

　　父亲可以狠揍他一顿,说他是个讨厌的孩子,让他饿着肚子去睡觉。但他没有这样做。他严肃地看了看彼得。被自己的行为吓坏了的彼得也瞪大眼睛看着父亲。然后哥哥拉起弟弟的手说:"可怜的彼得,你很伤心也很生气。我们去你的房间歇一会儿吧。"

　　父亲端着一杯奶送给孩子,而孩子却打他的手,还说:"我不爱你!"家长对此会做出什么反应呢?一般会是气愤的语调,打他一巴掌,或气得大吼:"这像什么话?"而且孩子也预想到会受到惩罚,因为他的眼神很惊恐。但父亲没有这样做。为什么?他明白孩子的状况:孩子累了,很难过,他在这一天没有得到足够的关心,他的攻击表达的是相反的意思:"你们对我很宝贵,我那么需要你们的爱,我等了那么久!"**父亲听到了这个"潜台词",把孩子希望得到的关注给了他。**

　　莱山的结语令人印象深刻:

"建立在理解和同情基础上的教育使得我们的年轻一代更富同情心。彼得现在22岁,我相信,他今天之所以对人类的问题充满关切,是与他在童年受到的教育密不可分的。"

> 与孩子的关系如何,取决于父母是否总是能够理解孩子的日常感受。

下面就是一个例子,母亲与5岁的儿子在对话:

——妈妈,我能去找别佳玩儿吗?
——不行,太晚了,过半小时就要睡觉了,而我们还没吃晚饭。
——求求你,妈妈。就玩儿一会儿!别佳等着呢!
——不行,不行,我已经说过,太晚了!
——求求你,好妈妈,我特别需要!求求你!
——我非常不喜欢孩子在大人说"不行"以后还没完没了。你知道,这没有用。
——我知道。但我怎么办,我答应别佳了!

这里母亲遇到了一个意外的问题:孩子答应去找朋友,他为不守信用感到不安。应当认真对待他的不安,而且应该尊重这种感受——因为这关系到儿子的道德观。结果妈妈认为不应该盲目地坚持自己的立场,谈话继续进行:

——你答应了,你会觉得不好。
——是啊,他等着呢!

——说起来你是对的,说话不算数不好。你觉得不安,我很高兴。让我们想想该怎么办。

在后面两句话中母亲有两点做得很好:她表明听到了并理解儿子的不安,接受它,对儿子遵守承诺的愿望表示赞赏,请他一起想办法。接下去他们讨论了各种方案:给别佳打电话,一起去他家说一下,甚至玩儿一会儿,约定明天一起玩儿。整个谈话的气氛很友好,矛盾也化解了。为什么?因为孩子自身最主要的感受得到了理解和赞赏。要记住:

对孩子自身感受的理解是与他进行良好沟通的重要条件之一。积极倾听法有助于我们做到这一点。

在本章即将结束的时候,我想和读者一起分析一个比较复杂的情况。这是米尔顿·埃里克森和遇到麻烦的儿子的对话。因为其中有这位心理医生的注解,所以特别有价值。

3岁的罗伯特从楼梯摔了下去,嘴唇摔破了,一颗门牙被撞进了牙龈。他满脸是血,因为疼痛和恐惧号啕大哭。我和妻子赶忙跑去帮他。见他大哭着躺在地上,满嘴是血,我们明白,在这种情况下必须采取紧急而准确的措施。

我们俩都没有去抱他起来。相反,当他停顿一下、以便攒一口气继续嚎哭的时候,我很快用简单、清楚的语言同情地对他说:"很疼,罗伯特。你疼极了。"我的儿子立刻准确无误地明白了,我清楚我在说什么。现在他可以听我说话,信任我,因为我表明我完全理解他的处境。

然后我对罗伯特说:"还要接着疼呢。"我说出这个简短的判断,我的话表达了他的恐惧,说出了他对自己处境的理解。因为此时他知道，前面等着他的只有痛苦和疼痛。

下一步对他和对我都很重要。在他下一次吸气的时候，我说："你很想不再疼了。"我们的想法又是完全一致，我表示他的愿望有道理，甚至对之表示赞成。这正是他的愿望，他真正的需求。

当我这样对整个状况做了判断之后，就可以说出令人信任的话了，也就是给他暗示："可能很快就不疼了，过一分钟或两分钟。"这条建议和他自己的愿望和需求完全吻合，而且，因为这句话以"可能"开始，与他自己对情况的理解并不矛盾。

于是他便可以接受这个想法并开始对之做出回应。

我们发现，埃里克森只说了五句话，而每句话都很精准！

头两句话对孩子的感受做出了回应。而且**"疼极了"**这句话非常符合小男孩对于剧烈疼痛的感受。

第三句话——**"还要接着疼呢"**——向孩子表明，父亲知道他的疼痛和恐惧，继续同情他的感受——正如埃里克森自己指出的。

第四句话——**"你很想不再疼了"**——的性质完全不同。对孩子来说，这句话更能恰当地表达他想要疼痛停止的强烈愿望。这句话具有"积极暗示"的作用。

使用"积极暗示"也是这位心理学家的专长，他熟谙此道。

因为一个人在极度痛苦的时候会忘记"黎明前的曙光"，失去乐观的心态。需要提醒他想起自己的能力，他过去的成功。有经验的"倾听者"会承担起这样的功能。

但重要的是，**不要劝说受难者，而要把这种积极愿望和乐观情绪当做他自身产生的**："你很想不再疼了"。这样说话可以把他的思想引向建设性的轨道——寻找好的出路。

父亲用"也许很快就不疼了，过一分钟或两分钟"首先定下了乐观的基调。我们会发现，埃里克森强调了"可能"这个词。这个词可以排除孩子的怀疑——对方不是"故意"想安慰他，这样他就会不加排斥地接受疼痛会很快减轻的希望！

从整个过程可以看到，孩子与父亲的沟通**随着谈话的进行得到了发展和加强**，最后孩子完全相信了他的话，在谈话结束的时候不再那么专注于疼痛的感觉，停止了啼哭。

再看看埃里克森随后做了什么？也很有意义。

"妈妈，看哪，他的血多红啊！这是**真正的男子汉的血**！"父亲说（妈妈当然表示同意），"现在，当我们去洗脸的时候，可以检查一下：如果这是真正的男子汉的血，那它跟水混合以后会变成粉红的！"这个检查自然进行得很顺利。

接下来埃里克森作出一个重要解释：任何人，不管是大人还是孩子，遭遇倒霉事的时候，他会有种屈辱感，他非常需要**在自我评价方面得到支持**——任何方式的支持。这会增加他战胜不幸的力量。

从这些案例中可以看出，在大师手中，积极倾听的技巧变成了理解和沟通的真正艺术！

现在转入下一个教育孩子和共同生活时要用到的基本的沟通技巧。

---Box – 3 ───────────────────

用行动积极倾听

　　积极倾听时，我们用自己的话语来"反映"对方所说的内容，以此向他表明我们理解并分担着他的问题。有人会问：不说话能不能做到这一点呢？不错，这里涉及用行动表示理解和同情的问题。

　　可以用各种方式表达理解和同情。例如，对十几岁的孩子，您可以不等他专门请求就帮助他收拾房间，可以和孩子一起找丢失的练习本，给孩子修玩具。您可以用这些小小的行动来对遭遇暂时困难的孩子或亲人做出回应。

　　还可以关心一些更重要的东西。我们已经多次讲到人的需求，**这些需求**是否得到满足关系到人的心理能否感到安适。每个孩子乃至大人必须得到证明，确认人们**爱他**，他**是好孩子**（人），他可以**成功**，他有选择事业、朋友和自己道路的**自由**。用行动表明您"听得到"这些人的基本需求不仅是可能的，而且是必须的！

　　对于小孩子，我们通常是通过亲切的态度，特别是通过身体接触、温柔的爱抚和拥抱告诉他有人爱他。我们回想一下，萨提亚建议我们每天拥抱孩子不少于八次！其实，对任何年龄

第一章 积极倾听

的孩子都应该如此（根据他们愿意接受的限度），对成人也一样！

沟通时要展示善意和耐心，不要批评孩子（或亲人），这可以向他表明他"是好孩子"。

给他自由，这可以帮助他形成自信，追求成功。

我们看到，这些例子中有您的作为（拥抱、给予、支持）和不作为（不批评、不监督、不强迫）。这些都可以使您"听到"一个人最深层和最根本的需求。于是，我们得出这样的结论：

"用行动积极倾听"就是理解、考虑和尽量满足孩子或成人的需求——此时此刻的要求和基本的生活需求。

这种用行动表示的积极倾听与一般的用言语表示的积极倾听相结合，可以为缔造相互信赖的关系、彼此理解及个性的发展奠定坚实的基础。

第二章
复杂的感情世界

沟通时善于表达自己的感情与善于倾听同样重要。我们通过表达自己的感受使对方可以了解和理解我们。至于他是否有能力理解是另一个问题。但很多事情取决于我们，取决于我们表达自己的形式。

坚持用"第一人称表述"

《不抓狂，育出好孩子》中有专章讨论表达自己感受的形式（第7课），其中谈到**"第一人称表述"**，分析了这种表达方式的优点。我们先来简短回忆一下其基本观点和主要建议。

> 无论如何不应该把自己的感受、特别是强烈的负面感受憋在心里：不要忍气吞声，压抑愤怒，不要在情绪剧烈波动的情况下故作镇静。

故作镇静骗不了任何人。对方会从您的动作、语调、表情或目光中看出您的情绪。如何既说出自己的感受，又不破坏您与周

第二章 复杂的感情世界

围人的关系呢？

答案很简单：当您谈自己的感受时，要使用**第一人称**。讲自己，自己的感受，自己的内心状况。

这种表达方式叫做第一人称表述，句子里要用第一人称"我"。一般是这样开始的：我不喜欢……，我很难……，……让我感到疲劳。

例如："有人在旁边那么吵闹，我没法打电话。"

避免使用含有批评指责意味的**第二人称表述**，这一点很重要。

例如："你为什么又弄得乱七八糟的？"

对于第二人称表述，对方的反应一定是生气或反唇相讥。

还要避免"**混合句**"，也就是以第一人称表述开始，以指责结束。这与第二人称表述是一样的。

例如："我不喜欢你表现得那么不像话！"

第一人称表述的形式看起来很简单，但有时组织这种句子并不容易。这时可以借助无人称句、不定代词和概括词。

例如："粗鲁让我觉得不快"，"对我来说这是不能接受的"，"孩子不听话时我很不痛快"。

当您对对方不满、恼怒或有怨气的时候，第一人称表述是不二选择。如果您用第一人称表述来表达自己的感受，**不会触犯他**（或触犯的程度小得多）——因为您在讲自己，而不是在说他。如果您用第二人称表示，那么**您的话就会被当做直接的攻击**。

设想一下，当您对一个人（或孩子）不快或生气时他的感受。为此我们设想自己处在他的位置，临时做一下被责备的"靶

子"。别人对您这么说:

☐ **丈夫**(用指责的语气):因为你我今天迟到了,你总是婆婆妈妈,磨磨唧唧,难道有事不能晚上说吗!

☐ **妻子**(气恼地):你又把咖啡煮得溢出来了!你到底能不能做好一件事呀?

☐ **母亲**(愤怒地):衬衣又从裤腰里拽出来了!我受够了你这邋遢样!

在上述情况中,您作为被批评的对象多半会感到伤心或不平。您想自卫、辩解,例如说:

——但我是早上想起来的这件事,而且很急。
——我煮咖啡的时候电话响了,我去接电话了。
——学校里大家都这样——有什么呀!

但不是总能这样说出自我辩解的话——因为您已经感到不平,您知道,只要开口反驳,"指责者"就会更来劲儿。于是您的心中"正义的怒火"熊熊燃烧,您会予以反击或忍气吞声。

当您指责或怒斥对方的时候,他就会如此反应。刚才您"处在他的地位"已经感到委屈,产生反击的愿望。如果您不想你们

第二章 复杂的感情世界

的关系发展到这一步，就需要用第一人称表述。果真如此，效果就大不相同了：

□ ——今天我上班迟到了，感觉很不好。我希望有问题在晚上解决。

——哎呀，咖啡溢出来了，真糟糕……又得重新煮，还得擦炉罩！

——你知道，如果我看到男孩子的衬衣从裤腰里拽出来，我会觉得很不舒服。

这些句子不仅听起来不同，而且它们的作用也会不同——对方多半会把您的话听进去。于是他就更有可能替您着想，尽量不再出现同样的"差错"。

在下面的例子中，一位母亲讲到小女儿如何本能地使用了第一人称表述。

多年前的一天，女儿给我上了终身难忘的一课。当时孩子很小：女儿4岁半，儿子1岁半。生活很紧张。早上我总是忙得团团转。好多事要做，一刻也不能耽误：叫孩子们起床，给他们穿衣服，准备上幼儿园，给丈夫和孩子们弄早饭，把孩子送到幼儿园，自己准时上班。我手忙脚乱地对每个人大呼小叫。而我女儿却性格恬静，乖巧懂事。

有一天早上，我一如既往地一边忙活一边数落每个人的不是。女儿坐在那儿，一边拉着她的长筒袜，一边若有所思地说："等我长大了就不生孩子。"我一下子愣住了，停下来问："为什么？""因为有孩子很烦！"她回答说。

我的脑子"轰"的一声:"天哪!我在对他们做些什么呀!"从此以后我再不允许自己那样表现了。

小女孩感到难过,但她没有责怪任何人(虽然可以责怪妈妈),而只是把自己的感受说了出来,还带有关于未来的"哲理思考"。仔细想想,我们会发现她还积极倾听了母亲。实际上,"很烦"是她们两人(以及其他家庭成员)共同的状况。

她的话效果极好——母亲忽然清楚地意识到家人的感受并深受触动,得出的结论使她受用一生。

切勿滥用"第一人称表述"

人们经常抱怨第一人称表述"不起作用",例如:

我对丈夫总是用第一人称表述,我说:"我觉得缺少你的关心!"可他还是整晚整晚地坐在电脑前。

第二章　复杂的感情世界

我再次提醒读者注意：

> 第一人称表述完全不是为了改变他人的行为！要牢记这一点。

尽管如此，人们往往免不了有此企图。切记，要真诚地表达您的意图：是真的想表达自己的感受，还是希望您的话可以改变什么。

来看看一个有两个女儿的妈妈写来的信。

我两年前开始使用第一人称表述。但不久前我发现我犯了大错——我说话不真诚！特别是对孩子们。我习惯于主要用我的愤怒来吓唬孩子，而不是真诚地说出自己的感受。我发现，对我来说，对淘气的孩子们说"我看到房间很脏，很不高兴，马上就要发脾气了！"或"如果你们不按时睡觉，我就很难过！"是一种特别省事的方法。

有一次丈夫听到我跟孩子的谈话后问我，我总挂在嘴边的"我很难过"是什么意思？孩子们不听话，我很难过；她们不吃饭，我很难过；她们不去睡觉，我很难过。我仔细想想，对呀！我说这话时，孩子们也未必明白是什么意思。也许她们觉得我想得到她们的怜悯。

可见，不真诚是我最严重的错误，我不是表达自己的真实感受，而是企图投机取巧。

因此我要再次重申：

> 使用第一人称表述是为了使孩子或成人把您的话听进去，理解您。如果您不让他知道您的感受，他可能一点都不会想到！

想必下面这种令人哭笑不得的场面大家都不陌生：

家庭主妇家务繁重，疲惫不堪，因为没人帮忙而满腹委屈。最后她终于当着家人发泄满腹怨气："我忙得团团转，都快累趴下了，你们一点都不管！"而她却得到这样的回答："我们以为你喜欢做呢，不想做就别做呗！"

是什么妨碍母亲从家人那里得到真正的同情呢？首先，她**很久没有表达自己的感受**。她早就想得到帮助和支持，可能还想听到感激的话，但她一直不说出来，使得怨气越积越多。

其次，现在她**满腔的怨气**以第二人称形式宣泄出来，言语中饱含责备、不满。但指责通常无法使被指责者觉悟，家人往往会

充耳不闻，或者极力辩解，甚至会反唇相讥。

这里有一个细微的差别：真诚地表达自己的感受很可能会引起同情，而诉苦、施压则会引起反击。

可以说：

> 第一人称表述并不能直接促进问题的解决，而是可以创造一种便于达成一致意见的信任氛围。

正面感受可用多种方法表达

掌握了这项技巧的人有时总想使用第一人称表述，而避免使用第二人称表述。希望他们解除这个自我限制。

因为对于**正面表述**，第二人称表述和第一人称与第二人称混合使用不仅无害，反而**有益**，应该经常使用。例如：

好妈妈，释放孩子的天性

"你帮了我很大的忙，谢谢！"

"昨天你自觉按时上床睡觉，我很高兴。"

"你对书这么爱护，我很喜欢。"

如果您说出自己的担心，但不是强加于人，也属于正面的第二人称表述。

"因为这个爱好，你留给学习的时间太少了，这让我很不安。不过，我希望你能处理好自己的事。"

在家庭中很少听到正面评价。一位朋友回忆起自己的童年时说，他妈妈的性格很强悍，她管家全凭对孩子们和丈夫的批评。如果没有批评，就说明情况不错。至于正面评价，他似乎想不起来。

我再摘录一段读者来信来谈谈这个问题：

我怀着感激的心情给您写这封信。通过您的课，我学到了很多，发现生活中很多重要的东西。

我想到，我和弟弟（我们一起长大，他比我小两岁）的关系处理得不是很成功——表面看起来似乎很正常，但不是我希望的那样。小时候我一直很宠他，关照他，又总是，唉，想教他生活，因为他是一个那么特殊的、容易受伤的孩子。我忽然恍然大悟，这些年来我向很多人讲过我对他的爱，但却从未对他讲过！这使我很震惊！

我想起，当他还是个小男孩的时候，有一次不知怎么爬到消

第二章 复杂的感情世界

防梯上,用腿勾住梯子,做出头朝下倒挂的姿势。我站在底下,被两种截然相反的感情撕扯着——一方面是赞赏和骄傲,因为这是我的弟弟当着全院子的人倒挂在那里;另一方面是极度的恐惧和不知所措。我明白了,现在,当他在观众面前演出的时候,我的感受是一模一样的,一点都没有变。昨天当他和其他人一起来我这里做客的时候,我径直举起酒杯把我现在所写的一切告诉了他。

现在我明白了,跟人聊天时对他说一些令他愉快的话,对周围人表示关心和爱护——这些再简单不过的东西会使每一天成为幸福、有意义的日子。我们的善意一定会得到回报。这种想法总是让我感到很高兴。

我能补充的只有一点:

很多开始说出自己的感受、包括正面感受的人都有过上述这种"惊喜的发现"。

倾听自己，说出自己的感受

和积极倾听一样，第一人称表述法也会带来内心世界的改变，有助于解决一些棘手的心理问题。其中包括坚持自己的观点、避免被别人牵着鼻子走。其实，这方面的问题一般是由于很难说"不"造成的。

有时会听人说：我并不心甘情愿按他的要求去做，但我没法拒绝，纠结半天，还是得做。

如果问：您为什么不说"我不"？他们会回答：因为他会不高兴（生气、难过、大吵大闹）的！

下面的例子就很典型。

一个年轻女子抱怨无法拒绝一个好友的请求。她的女友喜欢逛商店，买衣服，而这位女子在上大学，对她来说时间很宝贵，再说她手头也不宽裕，作为"陪同人员"逛街让她彻底厌倦了，可是她无法拒绝女友，只要张口拒绝，对方就不高兴，责备她。

在类似的情况中,一个人在占用另一个人的时间、精力,利用对方的善意,而另一个人"出于礼貌"听任对方利用自己。

有时会听到这样的说法:关心自己的利益和愿望就是自私。奥斯卡·王尔德的警句——"爱自己胜过爱我的人是自私的人"——可以帮助您摆脱类似的指责。

简而言之,您的"指责者"有时希望您更爱他。那么你们两个人中谁更自私呢?

最可悲的是,有些人明明知道这个道理,却自愿充当牺牲自己为别人服务的角色。关于这个问题在文学作品中有一个很鲜明的例证,这也是王尔德写的一个童话——《忠诚的朋友》。

村子里住着两个朋友:大磨坊主和小汉斯。大磨坊主富有且自负,小汉斯生活贫寒,但却善良而快活,以种花为生。小汉斯很珍视与大磨坊主的友谊,对他有求必应,从不拒绝。后来大磨坊主答应把旧的小推车送给小汉斯(他已经有一辆新的了)。汉斯满心感激,时刻不忘这个慷慨的承诺。

大磨坊主总是让小汉斯给自己做事,弄得小汉斯没时间照顾自己的花儿,他的花园逐渐变得杂草丛生,一片荒芜,他很快就

要无以为生了。但大磨坊主关于友谊的美妙语句（汉斯把这些话都记在笔记本上）让小汉斯无颜抽出时间做自己的事——因为这想法太不够朋友了。再说，他慷慨的朋友还答应送他小推车呢！

这个故事的结局很悲惨。小汉斯在风雨交加之夜再次应大磨坊主之请为他做事，但大磨坊主却不肯把灯借给他，结果他在黑暗中迷了路，淹死在沼泽中……至死他也没有得到小推车，大磨坊主只好把它扔了！

我承认，这个童话真"令人心碎"！虽然这只是文学作品，但它还是准确地反映了那种不正常的关系：一方一味地付出，另一方贪婪地索取。

在抚育孩子的过程中，父母经常出任"付出"的一方，而孩子则往往是"索取"的一方。我们在下一章中会看到这种"错位"的关系对孩子个性的影响（见"任人摆布"一节），现在先来看一看，如何让自己摆脱"别考虑我，他（他们）更重要"这种有害的观念。

为此有时需要进行艰苦的思想工作。最好从与成年人的沟通开始，因为对孩子更难些，父母不免会怜爱孩子，很容易被孩子的情绪所左右。

首先，当您感觉受到了伤害，感到不满或不舒服时，**及早承认这种感受确实存在**，这一点尤为重要。但人们并不总能做到这一点。有时，您对某些不快的感觉没有特别在意，自我辩解、自我安慰一番，糊弄了过去。但这些感觉日积月累，终于有一天产生了一种**明确的感觉**，您觉得不幸福，或者觉得别人对您不公平，抑或是亲近的人在利用您。

接着必须**做出决定**——把自己的"发现"告诉对方。这种决定也不是能够很快做出的，要克服内心的障碍。

最后，第三步是**找到正确的表述方式**并说出来。

第二章 复杂的感情世界

这个过程可称为广义的第一人称表述,也就是关注自己和自己的感受,正视自己的感受,公开地表达自己的感受。

我举一对夫妻的生活实例,从中可以看到妻子经过所有这些步骤,最后成功地对丈夫表达出自己的感受。下面就是她的讲述。

我丈夫每星期天和朋友们去钓鱼。我知道,对他来说这是莫大的享受,他可以在一周紧张的工作后得到休息和放松。因此我通常都会叫他去,做一个人度周末的打算。不是

我愿意一个人在家,而是让自己把他的出行视作必须:"我孤单就孤单吧——他需要这样嘛。"我知道,他有几个朋友是带妻子一起去的,但我的丈夫没有邀请过我。"也许,"我想,"他这么做有自己的原因。"我对他总是客客气气,不刨根问底。

但是不知不觉地,我心里蓄积了很多委屈。可能是因为厌倦了在家里没事找事做(通常是些家务事,没什么意思)的情况;也许是想到了别人都带着妻子;也许因为丈夫开始对我表现得心不在焉,而我却始终在惦记着他——不知道为什么,很可能是各种感觉交织在一起。

一个星期天的早晨,他已经背着背包站在门口了,我忽然大哭,说出了压在心里的一切。不记得是怎么说的了,但大意是我觉得痛苦和委屈。他站在那儿听我说完,一言不发地走了。我又哭了一会儿,但很高兴全都说了出来——我心里觉得轻松了。

大约过了一个小时,丈夫回来了,他说,他不能在我那么伤

心的时候扔下我,他是去车站给同伴们送斧子,否则他们没法生火。

他的关心让我觉得温暖。现在,当我读到第一人称表述的时候,我明白了,当时我就是这么做的。我没有责备他,只是说我很痛苦。这件事发生后,我觉得他变得更细心,而我也尽量不再长时间地把自己的委屈憋在心里。

所以,如果我们渴望和谐美满的关系,那么应该记住,只有每一个参与沟通的人不仅维护他人的利益,而且维护**自己的利益**,才会有和谐美满的关系。而第一人称表述法可以在这方面为我们提供帮助。

这一技巧的妙处在于,真诚表达自己的感受一定会让我们正视这些感受,并关注自己的内心世界。

总结一下本章内容,看看第一人称表述有哪些益处:

第一人称表述可以：

✓ 让别人知道您的感受；

✓ 降低自己情绪的紧张程度；

✓ 为沟通建立起信任的气氛；

✓ 更多地表达善意和爱心；

✓ 顶住压力，不任人摆布；

✓ 关心个人利益。

第三章
如何解决冲突

有两个困难要克服

上一章我们讲到,只有尊重双方的利益和权利才能保持人际关系的和谐。成人之间的关系如此,成人与孩子的关系更是如此。因为家长要克服两个特别的困难,一是孩子**天生的以自我为中心**,二是自古以来的**家长权威感**。

孩子年幼弱小时,他们难免以自我为中心。他们需要关心、呵护,他们期待、要求受到关注,通常也会得到关注。这完全合理,也很自然。同时这样的态度往往会使孩子产生他是"世界中心"的感觉。随着年龄的增长,他的世界观会慢慢发生转变,从"我是中心"和"人人为我"到发现"原来还有别人,他们也有自己的生活和需求!"(参看 Box –4)

从孩子呱呱落地开始,父母就肩负着引导孩子进入成人世界的责任,教他接受这个世界的要求、原则、规则、秩序,包括很多限制和禁忌。父母必须对孩子的生活进行监督和安排,因为他们是大人,有能力,有经验。

上面提到的"力量对比"决定了父母在处理"父与子"的问题时必然遇到的困难和必须解决的问题。

孩子的自我为中心主义不是自然而然克服的,他必须面对别人的要求和愿望，甚至是自己的愿望与要求与别人的发生冲突，这是他克服以自我为中心毛病的必由之路。而家长作为孩子第一个遇到的"别人"，应该**会袒露自己的心声**，让孩子能够听到。

另一方面，家长又面临**迷恋权力**的危险。有时，他会一味追求"正确的教育"，却往往忽视孩子的感受和要求，也就是不去倾听他。

Box - 4

列夫·托尔斯泰
道德变迁

读者，您是否曾在生命的某一时刻突然发现，您对事物的看法完全变了，似乎您此前所看到的一切都向您展现出以前没有见过的另一面。我身上第一次发生这种道德变迁是在我们的那次旅行中，我认为那是我少年时代的开始。

我第一次产生了一个清晰的念头：世界上不只有我们自己，也就是自己的家人，不是所有人的兴趣都围绕着我们，还有很多人在生活，他们与我们没有任何共同之处，不关心我们，甚至不知道我们的存在。毫无疑问，以前我也了解这些，但跟现在了解到的情况不一样，我没意识到，也没感受到。

一个想法只有经过一定的过程才会变为一种信念，不同的人所经历的这个过程各不相同，各具特色……每当我们走过乡村和城市，看到每座房子中生活着的和我们一样的家庭，看到他们好奇地打量着我们的马车的眼光，还有随即从我眼前永远消失的女人和孩子，看到那些店员和农夫不但不像家乡人那样向我们鞠躬，甚至连看都不看我们一眼，我第一次想到一个问题：既然他们一点都不注意我们，他们都忙些什么呢？从这个问题中又产生了很多其他问题：他们如何生活，以什么为生，如何教育孩子，教不教他们念书，让不让他们玩儿，怎样惩罚他们等等。

家长因何任孩子摆布

所以，要想孩子健康成长，就必须限制他总是以自我为中心的欲望。不然，"我想！"和"应该！"之间的矛盾会带来更多冲突和痛苦。孩子会反抗，固执已见，不断提要求，撒泼打滚。有些父母就会忍受不住他的痛苦和眼泪。这种情况一般发生在那些**心肠软、对孩子关怀备至的家长**身上。但是这样一来他们更有可能受孩子的摆布：于是对孩子"无微不至的关怀"就会变成对他的纵容，使他变本加厉，越闹越凶。

如果在家里父母说"不行"，孩子便哭闹，喊叫："不，行！""我想！""反正我要！"那么这位家长就有可能陷入这种危险。他应该停下来，不仅要好好想想孩子的错误行为，更要首先反省一下，**他自己什么地方做得不对！**

不久前我看到了这样的一幕：

母亲带着两个孩子，4岁的女儿和6岁的儿子在院子里玩儿。儿子不知为什么攻击了妹妹，妹妹大哭起来。母亲使劲把儿子从女儿旁边推开，男孩儿摔在了地上，发出惊天动地的哭喊声。妈妈不知所措地看着她的女友，后者也正带着自己的孩子玩儿。"现在我该怎么办？"女友建议她若无其事地往家里走。当时天快黑了，本来大家都准备回家了。妈妈拉着小女儿向楼门口走了几步，但又犹豫不决地停下来回头看——男孩儿还躺在地上，哭得更厉害了。女友说服妈妈继续往前走，但是妈妈又犹豫不决地停下来，儿子的**嗓门又高了几倍**。这样反复了几次。"我怎么能把他留在那儿呢?!"——妈妈无法放心地走开。"没关系，"女友又说，"他最后会自己起来追上来的！你看着吧。"最后，在快要进

第三章 如何解决冲突

门的时候男孩追上了大家,扑向妈妈,愤怒地哭喊着对她拳打脚踢。母亲慌乱地安慰他劝导他。幸好这时一个成年男性亲戚从楼里走出来。他将暴怒的男孩儿双手背拷,等到后者能听进去话的时候才对他说:只有他平静下来,才会把他放开。

后来我在跟这位母亲聊天时得知,儿子经常动手打人,而她说的"不行"在家里根本不管用,就连小女儿也开始来这一套了,母亲有时感到非常绝望。她自己努力做到关怀体贴,悉心对待孩子的感受。在发生冲突的时候试着积极倾听他们,说出自己的感受,也就是用第一人称表述(这些都是从书中学到的),但这些全都不够。孩子们总是能想方设法让她"束手就擒"。

何至于此?从上面的几个细节中就能看出来,其中一个细节是男孩儿一直在机警地关注着母亲的反应,他凭经验相信她一定回来安慰他。只是由于女友的坚持,母亲才没有向他屈服。

如果父母对孩子的关心无微不至,常会出现这种情况。这种

好妈妈，释放孩子的天性

现象无论是过去还是现在，在不同国家不同民族都普遍存在。

我再举一个例子，选自我国作家安纳托里·马林果夫的回忆录。事情发生在他的童年，革命前的俄罗斯。

当时我在玩球。现在我还清晰记得球的样子：一半红，一半蓝，有黄色的细条纹。老保姆坐在很大的土耳其沙发上织东西，嘴唇微微动着，显然是在数针数。球打在墙上弹回来，滚到了沙发底下。我拉着老保姆的裙子："球滚到沙发底下了……你拿出来。"

她用柔软的手摸着我的头说："托列奇卡，你自己拿去。你小，身体灵巧！"

"不，你拿！"

她还是一个劲儿地摸我的头，又说了些什么身体灵巧的话。但我固执地坚持自己的要求："不，你拿。你拿，你拿！"

老保姆认为应该改改我的毛病。我已经听不见也听不懂她的话了，只是恶狠狠地盯着她柔软的手上闪闪发光的织针："你拿！……你拿！……你拿！……"

第三章 如何解决冲突

我像只野兽一样号啕大哭,满脸通红。我躺在地毯上脚蹬手挠,撒泼耍浑。

被吓坏了的妈妈从旁边的房间里跑出来。

——托列奇卡……托列奇卡……宝贝儿……你这是怎么了?你怎么了,好孩子?

——让她走!……我不想再见到这个老太婆!……讨厌的懒老太婆!……我一边哭号一边声嘶力竭地叫喊。

妈妈把我抱起来,搂在胸前:

——好了,好了,我的宝贝儿,好了,别哭了。

——把她赶走!……让她滚!……把她赶走!

——托列奇卡,难道你那么没良心吗?

——我全明白了。你爱这个老巫婆胜过你儿子。

(一般人还都以为 4 岁的孩子是天使!)

妈妈想尽办法劝慰我,想用巧克力、鸭梨还有其他一些"我最喜欢的东西"收买我。但我把这些东西都扔开、打掉,继续哭号并任性地坚持"把她赶走"!我的眼泪就像茶炊中的沸水一样哗哗地从龙头里流个没完。

眼泪……哦,这个武器威力无比!这是孩子和女人的武器。它世世代代在大大小小的家庭战争中屡试不爽。

好妈妈，释放孩子的天性

结果如何呢？……我的老保姆——这个给家庭带来舒适和宁静的人——被解雇了，只因为她没有为这个讨厌的、被宠坏的小男孩爬到沙发下去拿球……

也许很多人认为，良心上的谴责只是一个文学用语，在我们这个理智的时代早已过时了。不，我不能同意这种看法！我因为那个滚到土耳其沙发底下的球而做出的卑鄙行径，已经折磨我的良心半个多世纪了！

这个结语很好，它揭示了这个提出要求的孩子的双重感受。他当时知道不知道，他哭喊得越厉害，表现得越痛苦，就越可能达到自己的目的？当然知道！同时在意识（或下意识）中，他又在某种程度上意识到，自己表现得像一个"讨厌的，被宠坏的小男孩"，这么做是可耻的，是违背良心的（请看 box – 5）。

而后他受到良心的折磨长达"半个多世纪"！但是就在他拼命地要求母亲满足他的任性的要求时，这种良心的谴责就已经萌芽了。

因此——

孩子任性既是教育"热点"问题，同时也是对父母的考验。父母关爱宝贝孩子的愿望与保持坚定立场的必要性之间经常发生冲突。

那些总是让步的家长往往会在这样的冲突中折戟沉沙。他们忘了"第一人称表述"的神奇效果，放弃了自己的立场。

但是也可能出现另一个极端。

Box - 5

个性的初步形成

我国著名心理学家 A. H. 列奥奇耶夫指出，"个性的初步形成"发生在学龄前。以下专项试验足以证明这一点。

试验者让一个学龄前儿童完成一个任务：拿到远处一张桌子上的玩具。完成任务必须有一个前提条件：**不得离开自己的位子**，而孩子不离开位子是够不到桌子的。在这样的条件下他会怎么做呢？

试验者离开了房间，暗中观察孩子。他坐在那里犹豫了一段时间。但玩具很诱人，而且他也很想完成任务。最后，孩子站起来，拿了玩具，坐回到座位上。于是大人回到房间里，夸奖孩子完成了任务，并要给他巧克力作为奖励。有时孩子会拒绝接受，但是如果试验者坚持给他，他就开始小声哭起来。

这是一项著名试验，被称作**"苦糖现象"**（每个莫斯科大学心理系的学生在考试时都应该会解释这个现象）。

这种现象解释如下：孩子心中有两个互相矛盾的愿望在斗争，一个愿望是拿到玩具，另一愿望是履行条件，也就是践行与大人的约定。当他独自面对玩具的时候，第一个愿望起主导作用。而大人进来以后，特别是在对他加

以称赞以后，他明显地感到自己破坏了约定，不该受奖励。糖只能使他更加感到羞耻，现在对他来说，糖已经一点都"不甜"了！

学龄前儿童身上刚刚萌芽的责任感、负疚感和良知感还比较弱，不太坚定。但是因为这些感受属于人际关系、道德规范、人品范畴，所以标志着儿童**个性**的初步形成。

孩子因何与家长对着干

有些家长认为，他们更清楚孩子需要什么、应该做什么，与此同时从不考虑孩子的意见、愿望或需求。一般来说，这类家长要么"责任感很强"，要么特别容易担惊受怕，要么很专制。孩子的反应则通常是不同形式的**反抗**。

抵抗的形式之一是公开作对。**由于长期受压，孩子开始与家长对着干。**至于斗争的形式，则取决于孩子的年龄、经验和性格。一般的斗争形式是不听话，有时表现为执拗和"故意为之"，有时则表现为公开的敌对。

孩子小小年纪就这样叛逆，简直令人吃惊！一个2岁女孩儿的母亲抱怨道：

她固执得难以理喻。不管什么事，她总是说"不！"从睁眼到睡觉总是把"不"挂在嘴上。早上我刚走到她的床边，她连眼睛还没睁开，就已经在喊"不！"有时我的神经实在受不了，就揍她，而她就去揍猫！

另一个3岁女孩的母亲也遇到类似的情况：

我真被她折磨坏了：玛莎，穿衣服——"不！"脱衣服——"不！"吃饭——"不！"洗澡——"不！"睡觉——"不！"一天到晚都是这样！

问题出在哪里？为什么孩子会顽固地说"不"？

很可能是因为父母在与他们沟通时犯了错误。错误五花八门，但大体上不外乎以下几种：过于严格的控制，家长强硬的命令，不考虑孩子的状况，有时对他要求过高。

孩子的叛逆行为可能会随着年龄的增长而越来越严重。我们再看一个十几岁男孩的母亲的遭遇。

我儿子13岁。他很聪明，在专业学校学习。为了发展自己的才能，他应该多多努力。我专门留在家里，把所有的时间都花在他身上，全力以赴地照顾他，给他做饭，什么事情都不让他做，无微不至地关心他，盯着他的学业，提醒他应该努力学习，不要为其他事分心。就因为这样，我们之间冲突不断，简直到了反目的程度！您知道，他看我的时候目露凶光，就像一只对你满怀仇恨，随时准备猛扑过来的小狼崽！

真要命，我不知该怎么办。要知道这是与他命运攸关的事情，而我却无能为力！

> **无能为力的感觉此时此刻很重要，也很有益处。这是一个信号，说明父母的行为是错误的。**

孩子的反抗还有一种形式——**暗中对抗**。我想起我与一个10岁男孩及其妈妈的谈话。

这个男孩很健康，脸色红润，性格温和，聪明伶俐。但他的目光漠然，语气冷淡，特别是谈到学校的功课或音乐兴趣班，他更是兴致索然。他学音乐并非自己所愿，而是因为老师说他很有音乐天分，妈妈就执意逼他学。孩子毫不避讳地承认自己很懒。当然，妈妈的看法也是如此。

如果问他："喜欢做什么？"他回答说："和猫一起玩儿。"完了还补充说，他可以和猫玩儿好几个小时！说到这个话题，他就两眼放光。我问了他一个"愚蠢的"问题："和猫一起玩儿的时候，你也会犯懒吗？"他吃惊地回答说："哪儿啊，当然不懒了！"

在接下来的谈话中我得知，近年来妈妈最关心的事情是在自己的生活、家庭和孩子的事情上保持井井有条。她承认，过去她是一个轻松活泼的人，兴趣广泛，很有情趣，很会玩儿。但现在，她要对家庭和儿子的教育负责，背负着"责任的重担"，她的性格变得比较严厉、挑剔，生活变得死板而单调。

在谈话中她慢慢认识到，她很可能把这种"责任的重担"也压在了儿子身上，要求他像她自己那样生活：正确但死板。其实她一点都不喜欢这样生活，况且她也不想让充满活力的孩子变得萎靡不振，老气横秋。

通过类似的例子我们看到，性格温和的孩子可能表面上服从父母，学习也不赖，但他内心可能常常"走神"，"精神委靡"，犯懒。

孩子很"乖"但却无精打采。他的消沉和淡漠自然会引起父母的担忧。

相互理解，灵活处理

在上述两个极端之间是否存在"中庸之道"呢？怎样做到既给孩子正确的教育、坚持家长的立场，同时又照顾到孩子的"活力"、需求和感受呢？

回答这个问题之前，我们先来看看本章开头讲到的有效沟通技巧。将所有技巧都掌握后，凭经验可以对它们进行组合，灵活运用。这里说的已经不是个别一两个正确的句子，而是对话或交谈,您要在其中表现出您会倾听孩子,善于坦率表达自己的感受,同时还能够保持友善的气氛。

一起来看看,综合使用各种技能是如何有效化解萌芽中的冲突的。第一个例子是一位母亲与 5 岁儿子的交谈:

我回到家时又累又饿。

儿子看到我很高兴:"哎呀,妈妈,我正盼着你呢!我们快去玩儿!"

"等一下,"我说,"我先吃点东西。"

可是他说:"不,不,我们快去玩儿!"

我说:"**你很想**叫我去玩儿。"

儿子说:"对,很想!快点儿!"

我说:"你特别特别想玩儿,可是我累了,很想吃东西。"

儿子:"是啊,妈妈!"

我又一次说:"我很想吃东西,可是你很想玩儿。**我们怎么办呢?**"

于是他说:"得,好吧。我跟你一起吃,然后我们去玩儿。"

我们就这么办了。

第三章 如何解决冲突

我们可以祝贺母亲取得的成绩，和她一起感到高兴。孩子一定会从这次交谈中得到一次很有意义的道德教育。他了解到母亲有自己的愿望，认为她有权利关心自己。多次进行类似的谈话可以避免使他那孩童天真的自私变得根深蒂固。

对我们来说最重要的是了解母亲在谈话中做了什么。可以看到，她交叉使用了第一人称表述和积极倾听。两种方法的交替向孩子表明，母亲听懂了他的意思，而这也使他可以倾听妈妈。

母亲的问题（**"我们怎么办呢？"**）是解决冲突的重要因素。它能让孩子自己提出双方都可以接受的建议。

夫妻利益发生冲突在家庭生活中比较常见，不比家长与孩子的冲突少，也许还更多。在孩子尚未出生时，学会建设性地解决成年人之间的冲突非常重要；到了孩子已经出生并与我们共同生活的时候，这一点变得尤为重要。

我们已经多次谈到，父母的言行举止会潜移默化地影响孩子。孩子会以父母为榜样学习融洽相处的艺术。为了营造家庭生活的健康氛围，家长本身也很需要这种艺术。

夫妻关系这个话题很大、很复杂，已经超出了本书的范围。在此我们只讲一个很有教益的例子。这是一位年轻女性和她丈夫的谈话记录。我要指出，在谈话进行中这位女性突然想起了她学过的建设性交流的技巧。

两个月前我戒了烟，而丈夫继续吸烟，而且吸得很凶。我想了很久，如何说服他不要在房间里坐在电视机前的沙发上吸烟。开始我还是用老办法：数落责备，苦口婆心地列举吸烟的种种害处。

这样做并没有产生预期的效果，于是我开始大喊大叫，结果搞得自己都很不愉快！最后，他每抽一支烟我都要老调重弹，我自己都觉得这种"没有创意"的方法实在没意思。丈夫已经开始取笑我了："我早就知道你要说什么。"然后继续坐在沙发上吸烟。于是我在绝望中说了下面一番话：

"你知道,我很难找到我们俩都满意的解决方式。我想尽办法影响你,但完全不是想限制你在家里做你喜欢的事。我也不想禁止你做什么或是下最后通牒。但是我很想呼吸有利健康的新鲜空气,因此我戒了烟。看来我们需要找到一种妥协方式,但我自己找不到。我需要你的帮助。你说说,你觉得怎样解决能令你满意?"

丈夫很认真地听着我的话,他的表情发生了变化,皱了皱眉头,然后说:"不能对此置之不理。"只有这时我才感到,我的话他听进去了。

最后我们约定,晚饭后他可以坐在沙发上吸一支烟,如果还想抽就去另一个房间。方法看似简单,但必须进行内心的调整,

第三章 如何解决冲突

才能做起来自然而然，才不至于把它当做一个死板的规矩。正因为我说的话是发自内心的，才会产生这种效果。这些话不再是空话，我没有用第二人称表述，而是诚恳地表达了我的难处。

一起来看看，在这位女士的"告白"中是哪些因素使得她丈夫真正把她的话听进去了。

• 首先，这番话中有几个**普通的第一人称表述**：

——我想呼吸清洁的空气。因此我戒了烟。
——我想解决这个问题。
——我不能一个人解决。

• 其次，有几个**变相的第一人称表述**，也就是"关于表述的表述"。在此用了这样的表达方式：

——我想和你谈谈。
——我早就想解释清楚。

这样的开场白可以确定谈话的语气是平静的，同时传达出诚恳和信任。

• 最后，我们看到了具有**积极意义**的第一人称表述和第二人称表述，也就是"对对方有利"的表述——这样的话他很喜欢听：

——我不想给你下最后通牒。
——我完全不是想限制你在家里做你喜欢的事。
——我只能在你的帮助下解决问题。

积极表述不仅是一种"技巧"。尽管您和对方有一些矛盾和争执，但积极表述对对方表明的态度总体上是肯定的。当对方看到您对他的善意时，他就会更愿意去寻找双方满意的解决方式。

切记：**友善是制胜的法宝**，一个关于风和太阳的传说很好地揭示了这个道理。

风和太阳打赌,谁可以更快地把一个人的大衣脱掉。风说:"当然是我!"它鼓足力气,吹得越来越猛。但人却因此把大衣裹得更紧。风生气了,吹得更猛了,成了一场真正的飓风!但是风势越是凶猛,人把衣服就裹得越紧。

"现在轮到我了。"太阳说。它从云后露面,普照万物。人觉得舒适、温暖,于是把衣服脱掉了!

适当对孩子做出让步

家长们常问一个问题:**可不可以向孩子让步?**综合此前所讲的内容,我们可以得出一个结论:这个问题没有单一的答案。显然,"永远坚持自己立场"的强硬态度不合适,但经常让步也不合适。看来最明智的态度是:

完全可以对孩子做出某些让步,有时甚至必须让步!

在遵循这一原则的时候需要考虑很多因素:孩子的状态,他

第三章 如何解决冲突

的愿望或痛苦的程度及理由,让步会给父母带来哪些不便或损失,为什么必须拒绝让步。

在下面的两个例子中我们可以看到,这几位家长遇到的情况不同,不过他们在行动中都展现出理解、灵活处理和找到合理解决方案的能力。

一个 5 岁小姑娘的母亲上夜大,每周有几个晚上要出去上课。孩子每次都不想让妈妈走,不过奶奶总能设法把她哄住。但有一次小女孩哭得很厉害,使劲抓住妈妈不让她走,无论怎么哄都不管用,越哄哭得越厉害。

母亲后来讲道:"我内心当然在进行思想斗争:一方面心疼孩子,另一方面我很需要去上课(我们都很了解这种感觉)。对孩子的感情占了上风,于是我留下了。我对自己说:'就迁就她一回吧,因为她那么多次都让我走了,尽管这对她来说很不容易!'

"女儿马上平静下来,整个晚上都不离开我,想出各种各样的游戏和事情来做。有时她会问:'你不上课没关系吧?会不会因为不上课给你不及格?'然后又补充道:'你知道,我不会每次都这样哭,你也需要学习!'说起来,我觉得这一次我留下来没去上课是对的,因为那天晚上我感到自己和女儿特别亲。"

下面一个例子涉及较为严肃的生活情况:孩子的愿望是完全合理的,但由于与父母的利益或生活状态有矛盾,所以很难实现。没办法,生活中这样的情况很常见!

例如，孩子想尽量多地和妈妈在一起，但妈妈要去上班。孩子不想去上幼儿园，他甚至这样央求："我一个人在家呆着也行！"但没人可以在家照看他。孩子想和妈妈爸爸生活在一起，他爱他们两个，但父母却离婚了……

在这些情况下，如果实在无法改变局面来满足孩子的要求，就只能跟他谈——**推心置腹地谈**。进行这样的谈话时双方最好要心平气和（而不是在他心绪不佳的时候），并尽量多地倾听他。只有积极倾听孩子，他才可以说出自己的苦恼。

> 不要急于安慰、说服或劝说他，特别不要讲道理说明为什么不可以或不可能如此。

要让他多说一些，因为这有助于缓和紧张情绪——对于孩子一方是如此，对于大人一方也是如此。

稍后您可以讲自己，讲现实情况，提出根据，**但一定要在稍后，而不是马上**。当孩子的痛苦程度减轻以后，就可以和他商谈，一起思考怎么解决这个问题。

一个家庭遇到了这样的问题：

儿子刚上小学一年级，他很喜欢他的学校。他已经熟悉了老师，跟同学们交了朋友。但他们家搬到了大城市的另一头，上学很麻烦，要转几次车，单程就要花一个半小时，有时还要更长。此外还要有一个大人送他。开始两个星期父母答应了孩子的请求，爸爸送他到原来的学校上学，再接他回家。但随后发现，这样是坚持不下去的：孩子很累，而爸爸的工作也受到了影响。而且，他们还了解到附近也有一所很好的学校。可是儿子连听也不想听！他干脆罢课了！

父母和孩子交谈了很多次，听他讲以前学校的事：那里的课是多么有趣，学校里的一切都是那么美好，令人愉快，他和朋友们课间玩儿得有多么开心，他离开这个学校"简直活不下去"！父母充满同情地听了他的倾诉。母亲甚至和父亲争论起来（当然不是当着孩子的面），说不能让孩子这么难过！

然而"严酷的现实"不得不去面对。终于有一天，父亲说，因为工作的原因，他根本不可能再去那么远的学校接送孩子了。"那我就在家呆着。"儿子回答。

"好吧，你就呆着吧"。

过了一阵儿，孩子同意去新学校"看看"。他们和热心的老师谈了话，听了听课。儿子还是在家呆着。后来孩子认识了在附近学校上学的孩子，你来我往，慢慢成了朋友……

最后，"堡垒被攻破了"，现在我们的这位主人公在新学校上学。在这里，他感受到的欢乐并不比在原来的学校少。

在这个故事中，我想请大家注意父母对孩子的态度，孩子的感受完全可以理解，所以他们谨慎对待。无论是在交谈中，还是在行动上，他们都正视他的感受，对他表示同情，也没有强迫他转学。比如，允许他在家呆一段时间。这在某种意义上可以是一种约定，承认他有选择的权利。父母所做的一切使得孩子最终接受了现实，理解了父母的处境，这个家庭度过了危机，彼此的感情也没有受到伤害。

第四章
亡羊补牢，永远都不晚

教育过失越早弥补越好

与孩子有效沟通的途径和方法我们已经讲了很多，读者这方面的知识也肯定丰富了不少。但有些家长可能还会提一个问题："如果过去有很多地方做得不妥，对孩子的教育耽误了，是否还能够弥补？"

我的回答是：当然可以！

亡羊补牢，为时不晚！

在这方面也有一些很好的例子，其中一例是我国心理学家维果茨基的经验。

维果茨基不仅是一位出色的学者，还特别善于揣摩孩子心理，这表现在他对待自己孩子的态度上。我们可以从他的女儿吉塔的回忆录中看到有关的细节描写。先看一个例子。

维果茨基家有两个女儿，小女儿阿霞的脾气很不好。因为父母工作很忙，阿霞一般是由保姆照顾。保姆很爱她，据姐姐的回忆，对她"宠得要命"。阿霞会耍各种"把戏"，其中之一是，当她在外边玩儿不想回家的时候，会躺在边道上，两脚踢着地面，号啕大哭。有一次父亲看到了这样的一幕。

好妈妈，释放孩子的天性

第二天，当阿霞如法炮制的时候，他来到街上，让我们都回家，自己把绝望地乱踢乱踹、大哭大闹的小女儿抱起来，抱进楼门，往地上一放，自己走进家门然后把门关上。开始，从楼道里传来绝望的哭号，但渐渐地，哭声小了——因为没有观众！——最后，完全停了下来。安静下来以后，父亲走出家门来到楼道，平静地帮女儿从地上站起来，一声不响地把她领回家。他没有跟她说一句话。给她洗干净，就让她去保姆那儿吃饭去了。

连续几天，每天都是如此。父亲坚持按照自己的方法去做，毫不妥协，结果很有成效——渐渐地，阿霞不再闹了，可以乖乖地回家了。

如果阿霞在家里闹，躺在地上撒泼耍浑，乱踢乱叫，爸爸就让大家都离开房间，只剩下他和阿霞两个人，对她置之不理，做

第四章 亡羊补牢，永远都不晚

出全神贯注埋头做事的样子。当她安静下来，他还是一言不发地帮她从地上站起来，带她去洗脸。他这么做的同时从没说过一句话，也许他认为在女儿情绪异常激动的情况下说什么她都听不进去。不管怎么说，他选择的方法看来完全正确——渐渐地，歇斯底里和大哭大闹的情况逐渐看不到了。

吉塔在回忆录中还写到阿霞在彻底改掉毛病前发生的一件事。当时吉塔已经上学，因为要穿过一个车水马龙的广场，所以早上需要由阿霞的保姆送她上学。阿霞因此心生嫉妒，想方设法阻止保姆送姐姐，保姆只好偷偷行动。比如说，她要穿着家居服出来，在楼门口穿外衣。

有一次，阿霞看到我们准备出门，便开始哭闹，用脚狠狠地踢我，然后气呼呼地从床上抓起我的枕巾，把它扔进水盆里弄湿，然后用湿的枕巾擦地。地板蜡在枕巾上染出一大块棕色的斑点。我们默不作声地看这个小野人胡作非为。父亲走到她面前，从她手中拿过枕巾，慢慢地，一字一顿地，威严地说："从现在起,这条枕巾就是你的了。"真的,以后每次换床单的时候(甚至在父亲已经过世以后),那条有棕色斑点的枕巾总是给阿霞用。在我们家,父亲的权威就是这样至高无上。

从这两个小故事中我们可以了解到很多重要的东西。首先,我们可以猜出,这个小女孩是怎么养成"小野人"脾气的。很爱阿霞并且在一切事情上都纵容她的善良的保姆在此起了推波助澜的作用。结果小女孩不知道行为规范的底线,相反,通过胡闹来满足自己愿望的经验倒是积累了不少。

其次,我们看到了父亲的明智之举。父亲的明智表现在哪儿?在这种情况下,家人一般都会对小女孩的歇斯底里做出反应,但这里被父亲制止了,同时他采取行动时一声不吭,平心静气,态度总体上说是友好的(帮小女孩从地上起来,给她洗脸)。他还平静地让她承受自己行为的后果,却没有一句训斥。

最后一句话也令人印象深刻,"在我们家,父亲的权威就是这样至高无上",而且即使在他去世以后也是如此。这些话道出了家人对父亲的无限敬爱和父亲在他们心中不可置疑的威信!

在回忆录中还可以看到维果茨基这种"教育方针"产生的效果。半个多世纪以后,姐姐这样写道:

在此我想讲一讲我的妹妹。我认为必须这么做是因为,万分遗憾,她已经不在了(她是1985年春天去世的)。毫无疑问,父亲积极参与对她的教育,对纠正她的性格、使她变得乖巧温顺起到很大作用。慢慢地,她身上这样那样的毛病都克服了,在学校也是一个很好相处的女孩子,同成年人和同龄人的关系都很好,与其中的很多人都成了莫逆之交。我甚至要说,她具有一种非凡的才能——善于交友。她对朋友总是充满善意,无微不至,而朋友们也投桃报李。她成长为一个正直的人,在任何情况下都能保持尊严，任何时候都没有做过任何玷污她自己和父亲名字的事情。

这是一个多么了不起的变化：从一个任性、无法管束的野孩子变成一个正直的人，一个亲切体贴的好朋友！

我们要问："家长自己能否改变呢？"这个问题问得恰逢其时，而且早就该解决了。因为交际心理学法则告诉我们：**重要的是从自己开始**。

父母也可以改变自己

家长身上普遍存在的一个问题是总要对孩子进行严格控制。他们明白应该向孩子"让步"，给他更多的自主，**但他们拿自己没办法**。他们继续限制孩子的自由，对孩子指手画脚，严加管教。

在意识到自己的行为不妥后，是否能够加以改正呢？

完全可以，有些家长做到了这一点。这样做并不容易，因为这涉及自己难以克制的情绪——忧虑、恐惧、不安，以及思考习惯："他离开我不行"。我们来看一看生活实例。

这是一位妈妈的笔记。女儿玛莎11岁，上6年级（我们用黑体字标出妈妈的担心以及她为改变自己所做的努力）。

2月6日。**我下了决心**：以后不再逼她做功课、整理房间等等。要试一试"自由教育"！我做出让步，并仔细观察。我忧心忡忡。

2月8日。**去他的口号吧**！这就是生活的现实：英语2分，3分，因为没交作业受批评；俄语3分，3分。晚上我**忍不住了**，

问道:

——玛莎,作业多吗?

——不,没作业。

——一点儿都没有吗?

2月10日。昨天是星期五,我问:

——玛莎!作业多吗?

——不多。我决定今天什么都不做。我累了(看电视)。

我很不安,因为我知道,我不催她做功课,她就会拖到星期天晚上,"死到临头"才哼哼唧唧磨磨蹭蹭走到书桌旁,哀求我们可怜可怜她。

2月11日。星期六早上。玛莎忘了她的计划。

我很不安,因为我知道她不想争辩:随口答应,过后就忘。我没说什么。

2月14日。**我意识到,我还在逼她**,还在严格规定她做功

第四章 亡羊补牢，永远都不晚

课。我感到不知所措……

2月19日。一个星期过去了，**我一直没有提醒她做功课**。玛莎全是自己做的，或者没有做，但成绩不但没有更差，还好了一点儿。

2月25日。她自己做了功课，在学校做了一些，在家里做了一些，有时跟我说说，有时不说。**我不问她**。数学老师开始夸奖玛莎。俄语成绩不太好，听写得了2分，但她在努力地学语法规则。我听到她在电话里给一个生病的女孩解释新学的内容。她不和我谈论她的成绩，甚至得到好成绩也不总是向我炫耀。当她告诉我得了4分或5分的时候，**我很高兴，并让她知道我在为她高兴**，但尽量不显得太过。

从第一次做笔记起到现在过去了19天，其间可以看到孩子在学校有了明显的进步，而母女关系也有了明显改善。当然，母亲做到这一步并不容易。**她得和自己斗争**，但事实证明她的耐心和坚持是正确的。

另外一些家长在试图改变自己时，也发生了类似的情况。

下面是另一位母亲所做的笔记。她女儿10岁，

她们母女的关系与前面那一对母女类似：开始母亲进行严格的监控，但后来决定**"放手"**。

为了更清楚地说明问题，我做了一些表明变化过程的小标题。

她学习变差了

嘉莉亚得了好几个3分，因为字迹潦草。我听到她是怎么背诗的，显然是在"敷衍了事"。

——嘉莉亚，你肯定你背好了吗？

——你知道吗，如果再多花时间学文学，我就来不及做英语了，而且那样我根本就没有自由时间了。怎么，难道我应该把所有时间都只用来做功课吗？！

——你的琴还没练呢。我不提醒你你就根本不去练。我已经跟你说了好多次了……

永远是这种冗长空洞的对话，最后弄得我们俩人都快被对方气哭了。

决定严格监督

5分越来越少，3分成了家常便饭。我和妈妈决定监督她做功课，严格要求她保持书桌的整洁。但没能采取有计划有组织地监督，而是阶段性的"突击行动"，这样做收不到任何成效。

尝试换一种沟通方式，但又回到了老路子上

我尽量推心置腹地跟她交谈，但一不留神又转到教训上去了。我既生自己的气，又生她的气……

我们越来越疏远。我担心她会自我封闭，但却无法让自己及时收手。

第四章　亡羊补牢，永远都不晚

一线希望

斯维亚托斯拉夫·里赫特①真是个救星！据我所知，在学校大家认为他很懒，后来这位杰出的钢琴家以自己的毅力和自律征服了所有人！我把这个牢牢地记在了心里。

——妈妈，你别发脾气，我数学课的自学题得了3分。（我积极倾听她。）

——你很不喜欢这种情况，你想改变……

——是的，我今天再把它做一次。（万岁！！！）

高兴得太早了

但"万岁"喊得太早了。她只是打算，行动却一天一天地拖延着。有一次我忍不住又犯了老毛病：

——音乐怎么样了，嘉莉亚？快考试了。

——你知道，只不过……

然后是一大串"正当理由"。

——这个星期你已经说了一千零一次"只不过"了！

而她来了一句：我不喜欢别人这样跟我说话！

女儿在我面前把门一摔，就躲进自己的房间了。

我一个人呆在屋里，难受了半天，还哭了。

努力得到了回报

渐渐地，情况有所好转。她写作业的速度和质量都有了很大提高，组织性增强了。她自己也为此感到骄傲。我和妈妈发现，她的面容也发生了变化，柔和了许多，在我看来，比以前更加愉快。

---

① 1915年~1997年，乌克兰钢琴家，20世纪最伟大的钢琴大师之一。——编者注

两个故事大同小异。是否要做出改变？两个母亲都为此经历了一场真正的内心斗争。在这场斗争中，对于父母最困难的一点，也可以说是整个过程的关键，就是在尝试取消对孩子的监督时，要承受得住孩子在学习和行为方面的退步。**重要的是要明白并记住，这种退步是绝对合理的！**

首先，孩子过去受到的限制过多，一旦被解放，他的积极活动空间得以扩展，于是他开始把注意力转向其他方面。其次，由于家长长期监督，他有一个重要方面没有得到充分发展：他不大会对自己、对自己的事情和自己的行为负责。他还需要逐渐意识到这种责任并学会负责任。

而这需要一定的时间，而且只能在自由和自主的条件下，在不可避免的错误和挫折中学会。

因此，家长要承受得住这些错误、挫折和退步，才能不干扰孩子的成长过程。我们发现，在上述两个故事中，两个女孩子最终都变得非常幸福，而且一定会对如此明智的母亲心怀感激。

孩子也在监督父母的行为

不要忘记，父母在尝试改变和改进的过程中有很好的帮手，那就是他们自己的孩子！仔细观察孩子，我们会发现可以从他们身上学到很多东西。

> 孩子是敏锐细心、执法严格的裁判。他们不能容忍成人的不公正、不真诚、不诚实、愚蠢和粗鲁。

如果孩子在亲人身上发现这些品质,他们会很痛苦,他们希望自己的父母是完美的,但只有小孩子才会在父母身上发现这种完美。很快他们就会对我们做出严厉的评判,有时还会大失所望。

一个15岁的女孩儿写道:

我和我妈妈之间有很大的问题。她总是监视我,可以说,盯我的梢。我写日记——这可是个人隐私!她却把日记翻出来看,我只好把日记藏起来,搞得我都不想写了。而我很需要把自己的心事跟谁说说,哪怕是日记本!

她还偷听我打电话,还在窗口窥视我去什么地方或从哪儿回来的。难道可以这么对待一个人吗?!这样的盯梢是不尊重我,不信任我。这一切让我觉得很屈辱,我不知道该怎么办!我曾试着跟妈妈谈,但她不肯听。

好妈妈，释放孩子的天性

很遗憾这个女孩的母亲没有认真倾听女儿的意见和感受。孩子的意见与感受和母亲自身的行为有关，她可以借此反省一下自己的道德形象！

不只是大孩子，连小孩子也会监督家长，看他们要求孩子做的事他们自己是否也做到了。有时会发生一些对父母有教益的尴尬事。

父亲带着4岁的儿子坐地铁，孩子爬上座位看窗外。孩子跪着，他的鞋底朝着站在旁边的乘客。父亲不满地批评他：

——我跟你说了多少次，不要穿着脏鞋上椅子！你会把别人的衣服蹭脏的。你什么时候才能听话?!

儿子同样大声回答：

——妈妈多少次让你不要在洗手盆尿尿，可你还是照样尿！

不用说，满脸通红的爸爸赶紧带着儿子在下一站逃出车厢。

第四章 亡羊补牢，永远都不晚

有时孩子会帮助我们防止在教育中做出某些过分的事。我们通过一个例子来分析一个常见的问题：**是否需要因为孩子表现好而对他进行物质奖励？**这里指的是因为成绩好，帮助做家务，遵守作息时间给孩子金钱奖励。这个问题饱受争议。

在我看来，无论是取得好成绩、洗餐具，还是自觉起床、整理床铺、刷牙、上学前自己准备早饭（这个单子是从一个家庭抄来的，上面逐项都有明码标价）**都不应该付钱**。孩子参与并完成日常事务，这是理所应当的。

为做家务向孩子付钱是一种误导，会使孩子逐渐失去责任感，不爱帮助人，唯利是图，淡漠家庭关系。

有趣的是，孩子们自己会觉得这样做很可耻。下面这个小故事是一位父亲讲的。他说，一般来说，他们家偶尔会因为孩子的表现好而给他们一点奖励，但有一天晚上，6岁的儿子给了他一个既让他高兴，又令他深思的"意外礼物"。

孩子迎接下班回来的父亲："爸爸，今天我做了一件好事儿：我帮奶奶打开沙发床了。不过你千万别奖励我。**要不然，给奖励的话还算什么好事儿呀？！**"

好妈妈，释放孩子的天性

听到这件事我想起一位东正教神甫的布道，其中讲到善事善念：只有当一个人做善事的时候没有想到自己，绝对无私，不期待得到报偿——哪怕是彼世的报偿，这才是真正的善事善念。

你看，这个6岁的孩子已经懂得并感受到真正的善事善念，他像那个神甫一样，迫切地想让成年人也意识到这一点！我承认，直到现在，我一直觉得这是孩子能够赠与我们的奇迹。

另一个"向孩子学习"的故事发生在另一个国家，另一种文化中，但同样表现出孩子心灵的活力与智慧。这是美国心理学家、时任美国心理协会主席的马丁·塞里格曼讲的一件事。

一天，我和5岁的女儿尼奇在花园除草。我得承认，虽然我写儿童心理学方面的书，但我自己却不太会和他们相处。总的说来，我是个目标感强、做事有条理的人。既然开始除草，我就要认认真真地做这件事。尼奇却相反，她不好好干活儿，不断把草向头上抛，围着我又唱又跳。我大声呵斥她，她走开了，但过了一会儿又回来了。

——爸爸，我想跟你谈谈。

——什么，尼奇？

——爸爸，你记得我5岁生日那天吗？从3岁到5岁我最爱哭，我每天都哭。当我满5岁的时候，我决定再也不哭了。对我来说这是一辈子最难的事。那么，既然我能不哭，你为什么就不能改掉唠唠叨叨的毛病？

对我来说这好比晴天一声霹雳——一点也不夸张！我对于尼奇、对于孩子、对于自己都有了新的认识，对于我的职业的理解也大大加深。

首先，我明白了，教育尼奇不是要改掉她爱哭的毛病。这个尼奇自己做到了。教育尼奇就是要承认她身上所蕴藏的神奇力量——我把它叫做"内在心灵的力量"……

第四章 亡羊补牢,永远都不晚

我明白了,教育孩子远远不只是纠正他们的缺点,教育孩子意味着发现和发扬他们的优点,帮助他们找到在生活中光大这些优点的方法。

至于我,尼奇的话切中要害:我是个好抱怨的人。有生以来的 50 年中,我总是心怀不满,而最近 10 年,我就好像是笼罩在阳光灿烂的家庭上空的乌云。所有好事都不是因为我的抱怨发生的,而是不理会我的抱怨的结果。此刻我决定要改变自己!

因此，我们看到：

○ ○ ○ ○ ○ ○ ○ ○ ○ ○ ○
　✓孩子想着我们，希望我们变得更好并尽力帮助我们变好。
　✓有时我们对他们的善意估计不足，太不应该了！

代 后 记

常言道：

培养一种行为，就会养成一种习惯；

培养一种习惯，就会形成一种性格；

培养一种性格，就会形成一种命运！

这条真理既适用于成年人的生活，也适用于对孩子的教育。孩子的命运取决于父母的哪些行为呢？许许多多，大小不一！包括具体的言辞、对孩子要求的答复、对他任性胡闹的处置，也包括是否干涉孩子自己的事情，还包括奖惩办法，以及善于控制情绪、善于沟通、善于解决冲突的能力等等。

如何做才正确？父母并不总是能拿捏得很到位。在某些情况下似乎应该这么做，在另一些情况下，则又要采取截然相反的做法。没有人握有绝对真理或万能处方。但是我们有成功的教育者的经验。

我们在一些章节中分析了成人与孩子沟通的正面例子。有时看似琐碎——措辞、语调，甚至人称（"我"或"你"）。但是请相信，"与孩子沟通"无小事。家长的一个用词、一个语气没把握好，就可能在孩子心中留下痛苦的阴影，而阴影蓄积起来，就会挫伤他的自信心，造成关系的疏远甚至破裂。

父母的个性，他们的"人生哲学"，他们的好恶和价值观造就了孩子的生活环境。孩子呼吸的空气是否纯净，取决于父母自身的基本品质和心性。

有一则著名的寓言。

一个行人看到人们在建造什么东西。

"你在做什么?"他问一个石匠。

"我在砌砖。"石匠回答。

"那么你做什么?"他问另一个人。

"我在垒墙。"第二个人回答。

"那么你在做什么?"他又问第三个人。

"我在建造一座宫殿。"第三个人回答。

当我们建造自己孩子生活其中的"房子"时,我们一定要注意每一块"砖"的质量,并把墙"垒"好。但是不要忘记,我们同时是在建造他的生活和命运的"宫殿"。而这座宫殿是否充满快乐祥和的气氛,完全取决于我们。